冰心
儿童图书奖
获奖作品

我爱看的

学生励志故事

一帆风顺是另一种挫折

王清玲◎主编

上海世纪出版集团
中西書局

图书在版编目（CIP）数据

一帆风顺是另一种挫折／王清玲主编．— 上海：中西书局，2010.5（2016.5重印）

ISBN 978-7-5475-0090-3

Ⅰ．一… Ⅱ．王… Ⅲ．故事－作品集－世界 Ⅳ．I14

中国版本图书馆CIP数据核字(2010)第050362号

一帆风顺是另一种挫折

王清玲　主编

项目负责　陈闵梁　李　梅
责任编辑　李　梅　安志萍
封面设计　梁业礼
出　　版　上海世纪出版集团
　　　　　中西書局（www.zxpress.com.cn）
地　　址　上海市打浦路443号荣科大厦17F（200023）
发　　行　上海世纪出版股份有限公司发行中心
经　　销　各地新华书店
印　　刷　北京高岭印刷有限公司
开　　本　700×1000毫米　1/16
印　　张　13
字　　数　150000
版　　次　2010年5月第1版　2016年5月第7次印刷
书　　号　ISBN 978-7-5475-0090-3/I·029
定　　价　32.00元

荣誉证书

上海世界书局：

你社出版的《小学生哲理故事晚读本》（5 册）、《小学生励志故事晨读本》（5 册）荣获 2010 年冰心儿童图书奖。

冰心奖评委会

2010 年 11 月

荣誉证书

上海世界书局：

你社出版的《中学生哲理故事晚读本》（5 册）、《中学生励志故事晨读本》（5 册）荣获 2010 年冰心儿童图书奖。

冰心奖评委会

2010 年 11 月

Contents

目录

没有谁能拦住你的努力

开一扇通向阳光的窗户

行动比思维只能慢半步

迈出一步并不需要多大的勇气

每个人都有最美的姿势

最重要的是手边的事情

还有多少奇迹 在注视你的双脚

为自己的心灵不断加油

没有谁能拦住你的努力

他发现，在厨房的窗玻璃前放着一个鸡蛋，它是如此生动，如此诱人，他仿佛看见一个个符号正在自己的眼前晃动，那是一种灵感，一种从内心深处迸发的原动力。

生命的远方

◎李雪峰

小时候，我家屋后不远的地方是一片蓊蓊郁郁的林子，林子里绿阴蔽天，鸟语花香，风景十分迷人。尤其是春末夏初时节，一朵一朵的野玫瑰开了，一丛一丛火红的映山红开了，尤其是那林地边缘的草地里，一颗颗紫红色的野草莓熟了，酸酸的，甜甜的，像一粒粒散落在草地里的星星，好看又好吃。

我十分向往能到那片小树林里去，去采一竹篮野蘑菇，或者采撷那些能染得嘴唇也红红的野草莓。

但我总是不能到达那个林子，因为，去林子的路上，有一座细细的独木桥，那座独木桥很窄，只是一棵砍倒的栎树，静静地横躺在涧溪上。每当小朋友们蹦蹦跳跳跑过去时，我独自站在独木桥的这一头，看看细细的独木桥，又看看那潺潺的流水，两条小腿立刻就软了，根本不敢踩上去。

有一次，我禁不住那片林子的诱惑，斗胆走到了桥上，两眼往桥下看，脸刷地就白了。溪水轻唱着，像是从大地看不见的深处传来的，而我脚下的独木桥是那么细，顶多只有我的一只小脚丫宽。我吓得像踩住了蛇似的立刻跳脚退了回来。

小朋友们对我说："过独木桥时千万不要往自己的脚下看，要不，你自己会被自己吓住的。你别在意你自己的脚下，要把目光朝远处看。"小朋友们争着给我做示范，他们个个目视前方，窄窄的独木桥在他们的脚下如履平地。他们再三告诉我说："别看脚下，朝远方看。"我不再看脚下的溪水，不再看脚下那座细细的独木桥，而把目光投入对岸那片迷人的小树林，投向比小树林更远的丛林和山峦，投向遥远处的蓝天和白云。果然，我很轻松地走过了独木桥，走到了那片草长莺飞的林地，走到了那片结满紫红色野草莓的草地上。

可能，在人生的旅程中，我们也常常会遇到许多这样的独木桥。一些人向脚下看，那些深不可测的生命溪涧，那象征困苦和艰辛的生命独木桥，吓得他们战战兢兢再也迈不开步子。于是，他们就成了生命的失败者，永远留在了失败的此岸。而那些目视远方的人，他们从不把目光投在自己的脚下，而是盯着岁月和生命的远方，盯着未来和梦想的远方。于是，他们在困苦和艰辛面前轻盈地飞翔起来，抵达了成功的彼岸，成为岁月和生命的胜利者。

不要太注意脚下的困难，把目光锁定在生命的远方。这样，微小的沙砾才不会变成阻挡我们成功的巨石，而巨石般的困难才会萎缩成一粒微不足道的沙砾。

一个人的奔跑

◎澜 涛

那是一个经典的夜晚，喧嚣的墨西哥城终于渐渐安静下来，奥运会田径比赛的主体育场被笼罩在漆黑的夜色中。享誉国际的纪录片制作人格林斯潘因为忙于制作节目，并没有注意到体育场已经空无一人。当他将当天马拉松比赛优胜者们领取奖杯、庆祝胜利的典礼镜头制作完毕后，才意识到自己该回宾馆休息了。他刚要离开体育场，突然看到一个右腿沾满血污、绑着绷带的运动员模样的人跑进体育场。这个人一瘸一拐地跑着，步伐踉跄，气喘吁吁，但却没有停下来。他围绕体育场跑了一圈，抵达终点后，一下瘫倒在地……格林斯潘意识到，这是一名马拉松运动员。在好奇心的驱使下，他走了过去，询问这名运动员为什么要这么吃力地跑到终点。这位名叫艾克瓦里的年轻人轻声地回答说："我的国家从两万多千米外送我来这里，不只是叫我在这场比赛中起跑，而是派我来完成这场比赛。我要跑向终点，尽管我已经落在奔跑队伍的最后面，但我有着和他们一样神圣的目标；我要跑到终点，尽管已经不再有观众为我加油，但我的身后有着祖国的凝望……”

风骨凛然、傲气铿锵，格林斯潘感动得热泪盈眶，很快，他就用镜头将奥运史上这最动人的一幕传递到了世界上的每个角落。

人生，应该拥有登临峰巅的梦想，但更应该懂得不是每个人都有攀抵峰巅的能力。最重要的不是能否到达峰巅，而是是否尽了最大努力。不要逼迫自己一定要一骑绝尘，不要强制自己一定要登临绝顶，只要尽了最大的努力，只要抵达了自己所能企及的目标，就已经是一种成功。

攀登者的秘诀

◎姜钦峰

2003 年 5 月，一支由 7 名业余登山队员组成的登山队宣布攀登珠穆朗玛峰，央视首次全程直播，而且中国移动还为此专门做了一个网站，海拔 6500 米以上也可以通过海事卫星电话上网。

在媒体的推动下，此次攀登珠峰引起了人们前所未有的热情关注，一时间盛况空前。

在登山队员中，有两个人尤为引人瞩目。一个是深圳万科集团董事长王石，鼎鼎大名的房地产泰斗。在房地产界，没人敢怀疑他的能力，但是对于登山，他充其量只是个业余爱好者，何况他已年过 50，要想征服世界第一高峰，谈何容易？另一个是比王石小 10 岁的队友，身体素质特别好。在基地训练时，一般人登山负重最多 20 千克，而这名队员负重 40 千克仍然行走自如；别人走两趟，他能走三趟。于是人们纷纷预测，这名队员应该是第一个登顶的，他自然也成了媒体关注的焦点。

按照预定计划，登山队如期踏上征程。整个登山过程中，那名呼声最高的队员身兼数职，一路上他要接受记者采访，每天还要抽空上网，看看网友发的帖子，回复人们的问题。不仅如此，他还要全程跟踪拍摄登山过程，并把一些相关图片按时发给家乡的电视台。

王石则表现得极为低调，只是默默地专心登山。

在海拔 8000 米营地宿营时，夕阳的余晖映照在白雪皑皑的珠峰上，风景奇丽壮观，队友们个个异常兴奋，纷纷跑出去欣赏美景，只有王石不为所动。

第二天，登山队员们向顶峰发起冲击。就在此刻，那名呼声最高的队友却不得不放弃了登顶，因为他的体力已消耗殆尽。最终，7 名队员中只有 4 人成功登顶，其中便包括王石。

最具实力的队员没有登上顶峰，而最不被看好的王石竟一举登顶，这样的结局大大出乎人们的意料。

下山后，王石欣然接受采访，记者的第一句话就是："王总，难道你有什么登顶的秘诀吗？"他开心地笑了："哪有什么秘诀啊！自从第一脚踏上珠峰，我的心中就只有一个目标，那就是登顶，任何与此无关的事情我一概不做。"

果真没有秘诀？其实，王石已经一语道破天机，那就是两个字——专注。

隐形的翅膀

◎王发财

蔚蓝的天空下，少女杰西卡平躺在农场的草地上。“咕咕”的几声鸟儿清脆的叫声，把杰西卡的注意力一下子拉了过去。她用极其艳羡的目光凝望着展翅高翔、自由掠过天穹的鸟儿。“我要是能和它们一样有双翅膀，能自由飞翔多好！”想到这里，杰西卡的眼睛有些湿润了。虽然起了凉风，但杰西卡却没有挪移位置，任凭秋风顺着两只空空的袖口灌遍全身。

15 岁的杰西卡，出落得很是窈窕迷人。但不幸的是，她因基因缺陷而天生没有双臂，和同龄的孩子在一起扔沙袋、跳皮筋，她总会成为别人嘲笑的对象：“我们离她远点儿，看她那样子，像个木桩子！”每每听到这样的奚落，杰西卡都愤怒得像个狮子：“谁是木桩子，你们能做的我也能做！”

但当小伙伴起哄，让她捡个沙袋抛过去试试的时候，杰西卡沉默了。她为此遭到了更恶毒的嘲讽。杰西卡没有躲到角落里哭泣，要强的她，咬着牙继续艰难地试图用脚抓起沙袋。父母很心疼她，给杰西卡买了副假肢，但杰西卡却拒绝佩戴假肢："我不觉得我是残疾，我不会用假肢！"说完，杰西卡把那副假肢扔进了壁橱里。

为了能让自己的双脚学会做更多的事情，杰西卡开始了超乎常人的训练，以便让脚时刻保持柔韧有力。慢慢地，她的双脚变得敏捷了，她不仅学会了用双脚写字、打电脑、弹钢琴、游泳，还获得了跆拳道"黑腰带"称号。在一次训练中她的脚扭伤了，父母把杰西卡送到了医院。拍了一张X光照片后，医生很惊讶地说："你脚没什么毛病，而且我还要告诉你一个幸运的消息，你的脚趾关节太有韧性了，看起来就像是手指关节！"

虽然她已经能用脚做常人能做的事，但杰西卡却仍然有个梦想没有实现，那就是能飞上蓝天，真正展开一双翅膀翱翔，那才是真正的自豪和满足。

可杰西卡这一梦想却成了周围人的笑话。为了能证明自己，杰西卡先从驾驶汽车学起。当成功考取了驾驶证后，她驾驶汽车来到一个飞行训练基地报名。可对方看到她空洞洞的双袖，当即拒绝了她。

幸运的是，一年后，她开车时载了一个过路的乘客。在车上，两人闲聊了起来。对方听说杰西卡的想法后，激动地说："亲爱的朋友，我叫特拉威克。当我上车看你竟然用双脚能娴熟驾驶一辆汽车的时候，我立即想到你驾驶一架飞机应该毫无问题！"

飞行教练的鼓励，让即将失去信心的杰西卡接受了挑战。她的训练比任何人都艰苦，危险比任何人都多，而且每个操作动作，杰西卡都要反复练习数百次，比常人多花几十倍的时间。

"不用手怎么能开飞机呢？别妄想了！"在周围人的质疑声中，杰西卡真的学会了用双脚驾驶轻型运动飞机。当杰西卡驾驶一架飞机冲上云霄时，所有的人都惊呆了。她熟练地用一只脚管理控制面板，而用另一只脚操纵驾驶杆。她的飞行能力和技术不比任何人差。

如今，杰西卡已经成功通过了私人飞行员驾照考试，并考取了轻型飞机驾驶执照。她成为了美国历史上第一个用双脚驾驶飞机的合法飞行员！

对于翱翔天际的滋味，杰西卡自豪地说：“我能够成为一个优秀的飞行员，非常冷静和稳定地用双脚驾驶一架飞机，别人都说这是不可能的，但这确实是真的。其次我要澄清的是，我从小一直都认为我不是没有双臂，我告诉别人我有一双隐形的翅膀，也会像鸟儿一样展翅翱翔，别人总是不信，说我在开玩笑，甚至嘲讽我。因此，这么多年来，我只不过在向他们证明这件事罢了！”

盛开生命的水花

◎崔修建

一位曾在商界叱咤风云的著名企业家，在1998年那场突如其来的“亚洲金融危机”中，惨遭事业和人生的“滑铁卢”。几乎就在一夜之间，他由风光无限的亿万富翁变成了债台高筑、走投无路的乞丐。与此同时，妻离子散和众多亲朋好友的纷纷疏远，更让他重伤的心灵受到了巨大的打击。

一天午后，带着满心的沮丧，他迈着铅一样沉重的双腿，爬上了一座大厦的顶楼。他准备最后再看一眼这个风云变幻的世界，然后纵身跃下。突然，他的目光被大厦前面那个漂亮的喷水池中迷人的景象吸引住了——只见圆形水池中间，升腾起一根根雪白的水柱，在水柱的顶端盛开出一朵朵漂亮的水花，在阳光的照射下，呈现彩虹般的颜色，并形成了透明而别致的图案，随即又繁花般落下。

平时在他眼里一向柔软无比的流水，怎么会形成如此笔直而向上的水柱呢？水柱又怎么会开出如此美丽的花朵？理工大学毕业的他当然知道那其中的奥秘——因为水池下面有足够的动力在输送着源源不断的激情，在不停地汇聚、推动着那一次次跌落的水流，向上、向上、再向上，一刻也不停息地向上冲击着，才形成了那样始终向上冲击的水柱，才有了不断绽开的绚丽的水花。

自己不也曾经被理想和激情鼓舞着，在“人生水柱”的顶端盛开过耀眼的水花吗？而此刻，自己又多么像跌落在水池底部却不再想着升起的流水啊。

是的，如果生命中开花的梦想破灭了，就像那骤然失去了动力的水柱，瞬间便会坍塌成一汪毫无生气的死水，不再呈现出花团锦簇的景致。猛然，他那颗被沉重的失落包裹的柔柔的心受到了震颤，一股无形的力量开始在周身上下汇聚，他觉得自己应该马上再站到下面那坚实的大地上，站到阳光和风雨中去。

随后的日子里，他一扫淤积心头的愁苦，又微笑着走进了生活。他辗转泰国、缅甸、马来西亚等地努力打拼，即使像送快餐、摆水果摊那样自己曾瞧不上眼的小买卖，他也热情满怀地认真去做。这其间，他又经历了不少的磨难，但他再没有消沉过，因为他心中始终记着那个喷水池，记着那些盛开的水花，他相信自己的事业与人生还会开花。后来，他真的又取得了巨大的成功，成为泰国赫赫有名的百洲实业集团的总裁，他就是商界的传奇英雄陈百洲。

在接受香港媒体采访时，陈百洲坦言道：“有些挫折确实很可怕，但更可怕的是让挫折压倒了站起的勇气。在某些难以想象的困难面前，最重要的就是找到支撑自己向上的力量。这种无形的力量会让自己暂时忘却眼前的困难，会推动自己不断地向上、向上、再向上，就像那上升的水柱，终会在上升的顶端开出自己梦想的花朵……”

其实，每个人在人生旅途中都会扮演不同的角色，都会经历岁月的风雨和艳阳，都会经历生命的花开花落。最重要的，是要永远保持开花的梦想和热情。那样，才会源源不断地给心灵输送顽强奋进的巨大动力，才会将所有的坎坷与磨难都踩在脚下，才会让不服输的信念支撑着生命，坚定地朝着辉煌的远方迈进……

南非前总统曼德拉曾经说过一句振奋人心的格言：“生命中伟大的光辉不在于永不坠落，而是坠落后总能再度升起。”这位屡遭磨难又屡次站起的著名人权领袖，用自己鲜亮的人生经历生动地诠释了这句话。是的，生命的确非常需要这样的一种弹性——既能不满足现状，不断地超越自己，不断地攀上理想的峰巅，又能在深陷谷底时，犹有不泯的热情燃烧在心头，犹有“一切从头再来”的坚定与执著。

生命如水，不仅仅在沸腾时会开出花朵，在被希望和热情的力量向上牵引的路途中，也会盛开绚丽的花朵。时时葆有积极向上的心态，乐观地迎接风雨，笑对人生，相信每个人都会有自己骄傲的收获。

半部书

◎徐全庆

84 岁的兰帕德感到自己不行了，他让家人请来全城最著名的牧师霍华德，他要向上帝做最后的忏悔。

兰帕德这一辈子最大的愿望就是当一名作家。从小学到大学，兰帕德的作文一直是全班最好的，经常被老师当作范文读给同学们听，也有不少时候，他的文章出现在班级的黑板报上或校报上，甚至有两篇发表在全国知名刊物上。兰帕德相信，只要他努力，30 岁前他就可以成为一个全国知名的作家。有很长一段时间，他都梦想写出经世不朽的作品。遗憾的是，后来他突然迷上了买彩票，一天到晚对着一大堆数字研究来研究去，最终把写作给耽误了。

兰帕德也曾深切地懊悔过。那是在他 52 岁那年，他中学时代的一个同学，一个曾经对兰帕德佩服得五体投地、经常把兰帕德的作文当范文读的同学，把自己写的第十三本书送给了兰帕德。兰帕德忏悔道：“那一刻，我懊悔极了，我痛恨自己为什么没有去写作。”

霍华德牧师问道："那你为什么不从那时起开始写作呢？"

兰帕德脸上现出十分痛苦的神情，因为这正是他几十年来最懊悔的事情。接到老同学赠送的书的那一刻，他的确是想从那时起开始写作的。但他觉得自己年龄大了，况且身体又不好，不会再有什么成就了。于是，他最终放弃了这种打算。

兰帕德接着告诉霍华德牧师，他 65 岁那年得了重病，生命垂危，他深深叹息自己没有在 52 岁那年开始写作，否则，有 13 年时间，他一定可以写出不少东西。他说，他没想到老天会给他那么多时间，否则，他一定会好好利用这些时间，一定会大有一番作为。

"那你为什么不从那时起开始写作呢？"霍华德牧师问道。

兰帕德又一次陷入深深的自责之中。那时，他曾经好多次想过，如果时间再往前倒回去 10 年，他一定会毫不犹豫地开始写作的。但他觉得自己已经是一个 65 岁的老人了，生命留给自己的时间真的不多了，他不可能再有任何作为了。于是他虽然常常叹息，但却仍然没有开始写作。73 岁那年，他的老同学再次给他送来一本自己刚写的书，并且问他"你有那么多时间，为什么不试着写点儿东西呢？"他长长地叹了一口气，心里说，我已经是快死的人了，还能写出什么东西呢？就这样，在一天一天的懊悔中他活到了现在。如果当时他知道自己能活这么久，他一定会从那时起开始专心致志地写作。他相信，那样的话，他仍然可能取得不小的成就。可现在，他只能把永远的遗憾留给自己了。

听完兰帕德的忏悔，霍华德说道："其实你并不是不能当一个作家，而是你在不停地懊悔中放弃了当作家的希望。仅有懊悔是绝对不够的。如果你还想当作家的话，那么，就不要再懊悔，不要再犹豫，从现在开始，拿起你的笔吧。"

“我已经快要死了，还行吗？”兰帕德疑惑地问。

霍华德郑重地点点头说：“我以上帝的名义告诉你，行！”

兰帕德的眼里出现一道亮光。霍华德刚刚离开，他就提起了笔。以后的 3 个月里，他不停地写作，一直到他去世。他的第一本书只写了一半，但那半部书却轰动了全国。

没有谁能拦住你的努力

◎崔修建

初中毕业，他以 10 分之差，与省重点中学——县一中失之交臂，被一所条件较差的乡中学录取。

当他带着简单的行囊来到那个破烂不堪的中学时，本来就很沮丧的心情变得更加阴郁了。那里的条件比想象的还差——采光极差的教室、破烂的桌椅、一点火便直冒烟的炉子，缺水又少电。有水平的好老师都想方设法地调走了，好容易请来的外语老师听说也正准备往外调。再看那些学生，很多到这里也只是为了混张高中文凭，没抱多高的期望。

面对此情此景，他除了懊悔，便是叹息自己的命运不好，心想：到了这样的学校，再怎么努力，也是白费劲了。

于是，他上课无精打采，作业潦草应付，常常捧着一本小说打发时间，整天一副看破红尘的样子，青春的朝气已荡然无存。

就在他和同学们打算就这样混下去的时候，一位老师改变了他们。

那天，那位退休后又被反聘回来的教语文的谢老师，走进课堂，给同学展开一幅油画。那画面很简单——苍茫无际的大漠，一位孤独的旅者，正赶着骆驼艰难地朝前跋涉，风吹起他蓬乱的头发，满脸的沧桑依然掩不住那份独特的坚毅与执著。

听着谢老师对油画的讲解，他一遍遍地念着油画的标题——《走出大漠》，不由得怦然心动：是啊，大漠空阔无边，风沙肆虐，他不能抱怨什么，只有坚定一个信念，那就是努力地走出去，别的什么都不用管。

“同学们，请记住，无论何时何地，都没有人能拦住你的努力。”谢老师深情地注视着他们，真诚地说道。

刹那间，他幽闭的心田里猛地吹进一缕清爽的风。他满怀感激地冲着谢老师点点头，再面对那块粗糙的黑板，他竟生出一份特别的亲切。

那天，他在每一本书上都写下两个大大的字——努力。

此后，他不再抱怨学校条件太差，不再挑剔老师水平如何，而是把十二分的精力都花在了学习上，认认真真预习、听课、完成作业，还跟同学组成了“学习小组”，互相取长补短，日子一下子变得充实起来。

后来，学校又分来几个年轻的师专毕业生，校园里又多了一份青春的气息。他的学习成绩在稳步上升，那次考省重点中学的测试题，他的考分竟然进入了县一中的前十名。他明白，这意味着照此努力下去，他不仅可以考上大学，还有可能进名牌大学呢。

更高兴的是，在谢老师的指点下，他对文学发生了浓厚的兴趣，一篇篇洋溢着校园气息的习作纷纷见诸报端，他儿时的作家梦一点点地真实起来。

当他将一张张“三好学生”奖状和一份份印着他文章的样报、样刊，带给一辈子在田间耕作的父母时，父母激动地感叹道：“真没有想到啊，一个人只要肯努力，什么样的奇迹都能发生。”

那年高考，他以优异的成绩考上了大学，他的同学也有八个分别考入了省内外的大中专院校。这在当地引起了不小的轰动，原来对那所乡中学不抱什么希望的人们，开始纷纷关注起那个不起眼的学校，乡里也开始着手改善办学条件。

是的，少一些抱怨，少一些挑剔，以走出大漠的坚定与执著去努力拼搏，正是拥抱生命、辉煌人生的最好方式。

“没有谁能拦住你的努力”，这是多年后已是名牌大学博士的他写给母校学生的赠言。

在生活中，每个人所处的境遇可能相差甚远，每个人的愿望也各不相同，但有一点是不容怀疑的，那就是——只要你愿意，你尽可以寻找属于自己的充实、快乐和辉煌，没有人能拦住你努力。

抓住信念的翅膀

◎古保祥

1472年，在意大利佛罗伦萨市芬奇镇一座破旧的贫民窟里，一个年轻人，浑身都是雨水地蜷缩在一个角落里。外面大雨滂沱，而这所房子，正在风雨中飘摇。他曾经有过幸福的童年，他的父亲是一位有名的公证人，母亲是一位农家女。他受过良好的教育，周围的环境对他来说是健康的；他也有着开朗、活泼的性格；他一直憧憬自己将来能够出人头地；他把所有的梦想都凝聚到一支画笔上，希望通过自己的努力实现梦想。

但这一切随着一件事情的发生而消失得无影无踪。那是他10岁时，父亲把所有的财产都给了一位富家小姐，留下他和母亲流落在街头乞讨。从此，他一无所有。他曾想过要去寻找自己的生父，但犹豫再三后他放弃了，他不希望让生父嘲笑自己，更不愿生活在一个不属于自己的家庭里，尤其是没有母亲的家。现在，他只能沦落到贫民窟，和穷人一起抢食物、抢地铺，然后把自己扮成一个叫花子。

那天，雨停时他闻到一阵清香。贫民窟对面是一家富人开的饭店，正是晚上吃饭的时间，厨房正对着他的方向，他多想凑上前去，和那帮小乞丐一样，抢一个肚饱。但是，他没有，他有着非同寻常的耐性和品格。忽然间，他发现，在厨房的窗玻璃前放着一个鸡蛋，它是如此生动，如此诱人，他仿佛看见一个个符号正在自己的眼前晃动，那是一种灵感，一种从内心深处迸发的原动力。他忘了饥饿，忘了寒冷，走出贫民窟，靠近那个鸡蛋，手里正拿着他的画笔。他要临摹它，占有它的精神，他要用一颗滚烫的心描摹这个寒冷的世界。

接下来的几天里，这成了他唯一的目标和工作。他忘我地辛劳着，把那个鸡蛋当成了一件艺术品，以至于所有的小乞丐都围着他，所有的行人都在嘲笑他的傻和痴，但他如入无人之境。终于，他的笑容挂满脸颊，仿佛已经体会出其中的内涵。他掏出画册，郑重地开始创作自己的作品。

这个人就是达·芬奇。正如他的志向一样，一颗从没停止奋斗的心铸就了他昂然向上的品格和坚强的自信，他成了杰出的画家。

上帝只给他一个鸡蛋，却成为了他一个微小的契机。正是在这个微小的契机里，他牢牢抓住信念的翅膀，不停地追求，不停地奋斗，终于迎来了成功的阳光。

赢了自己

◎凤 凰

迈克是一个健壮的孩子，他和村子里的大卫都喜欢跑步。他们是同学，也是邻居。每天，他们跑着去学校读书，放学也是跑着回家。他们天天跑来跑去，成为班里跑得最快的孩子。

可是，迈克总是跑在大卫后面，总是相隔十几米的距离。迈克很想跑过大卫，每天，他都拼了命地跑。可是，只要他一拼命地跑，大卫也拼命地跑。就是大卫不拼命地跑，他也与大卫有五六米的距离。总是赢不了大卫，迈克为此苦恼极了。

有一天放学回家，迈克尽管拼了命地跑，可最终还是落后了大卫好几米。回到家里，迈克闷闷不乐，并且打算放弃跑步了。母亲得知迈克是因为跑不过大卫而伤心，便安慰他说，不要难过，要知道，总有人比你更强，但只要你不停下自己的脚步，只要你每天都尽力了，只要今天的你比昨天跑得快一点点，那你就赢了自己。赢了自己，不也是一件快乐的事吗?

母亲的话，让迈克豁然开朗。是啊，大卫从来就比自己强，自己想一下子就跑过他，这怎么可能呢？既然赢不了他，那就赢自己吧。

迈克依然同大卫跑着去上学，跑着回家。尽管每次他都落在大卫后面，但他却很开心，因为他感到自己一天比一天跑得更快，他赢了自己。

迈克和大卫一天天长大，他们跑得越来越快。后来，迈克惊奇地发现，尽管每次他都跑不过大卫，但是，他与大卫之间的距离却是越来越短。原来他落后大卫十几米，后来却变成了十米左右、五米左右，到现在，他只落后两米左右了。

迈克的进步，让大卫感到害怕。每次学校举办运动会，长跑冠军都是大卫。如果迈克跑赢了他，那么，他就再也当不了冠军了。每次跑步，大卫都会不时地回头看看迈克。尽管大卫知道回头对自己很不利，可是他还是忍不住要回头。看到迈克离自己很近，大卫就会很紧张。看到迈克离自己较远，他就会在心里感到快乐。可是，迈克离他远的时候特别少，那样的时候，只发生在迈克生病期间。

每次大卫回头看迈克的时候，迈克都不去看大卫。他用不着看大卫，他的目标不是超过大卫，他每天的目标就是比昨天跑得更快。他只要跑赢自己就行了。这个目标看似简单，其实却是相当艰难。所以，迈克一跑起来就全神贯注，其他的事他都不会放在心上。

由于迈克的精力集中，因此，他能充分发挥自己的水平。而大卫总是在意后面的迈克，因此，他难以发挥自己的水平，有时还控制不了自己的节奏。大卫感到自己越来越糟糕，而迈克越来越强大。

终于有一天，迈克和大卫肩并肩跑在了一起。这对大卫来说太可怕了，他感到自己真的是越来越不行了，他想也许自己的天赋不如迈克，迈克的实力终于显现出来了。但是，他却不想认输，所以，他拼命地跑。迈克对于自己的进步感到特别快乐，他没想到自己有一天居然能和大卫并肩跑在一起，于是，他也使劲地跑。最后，迈克赢了大卫半米。

后来，迈克天天都能跑赢大卫。落后的大卫，尽管每次都是拼命地跑，可他却总是跑不过迈克。跑不过迈克，他很生气，就只好认命，只好放弃超越。每天，他都无精打采地跟在迈克后面，落得越来越远。

超越了大卫的迈克，后来在校运动会上一举赢得了学校的长跑冠军。再后来，他参加县里的长跑比赛，又赢得了冠军。

今年，迈克参加阿肯色州的比赛，又赢得了长跑冠军。人们都对迈克刮目相看，说他将来肯定能成为职业运动员。

大卫在迈克获奖后十分羡慕，他祝贺迈克，也说出了自己多年的疑惑。他说，迈克以前一直跑在他后面，可是为什么后来却跑在了他的前面，现在还跑出了让人刮目相看的成绩，难道是迈克有过人的天赋不成？迈克笑着告诉大卫说，他没有天赋，他只是一直跟自己比赛，让每天的自己比昨天跑得更快一点点，每天进步一点点。赢了自己，最终就有了这样的收获。大卫恍然大悟，原来人家迈克根本就没拿他当对手，只跟自己比赛，才跑出了水平；自己一心拿他作对手，从没想过超越自己，又怎么可能跑出自己的水平呢？

人生中，最大的对手不是别人，而是自己。只要今天的你比昨天更进步、更智慧，你就赢了自己。赢了自己的人，不经意地，也就赢了别人。

开一扇通向阳光的窗户

由于一直都没有遇到过风暴，他根本不知道该如何应对。甚至，他连救生圈都忘记带上。除了祈祷之外，他什么都做不了。

5年的世界

◎凤 凰

5年前，他18岁，高中毕业。那时，他考上了一所不错的大学。可惜家里没有钱，读不起书，他只得进了城，开始谋生。在城里转了两天，总算找到了一份工作，就是当一名送水工。他一没有阅历，二没有工作经验，有的只是年轻力壮，当送水工正合适。

他很珍惜这份工作。每天，他都卖力地骑着自行车在街上穿行，自行车后面驮着三四桶纯净水。他送了一家又一家，来来回回地跑，在城里穿来穿去，把每一条街都跑遍了。送水得送到客户家里，有时遇上楼层没有电梯的，他就得用肩扛上水，送上门去。一天下来，累得半死。开始的时候，他受不了，晚上腰疼得睡不着觉。可是，他还是坚持下来了。一段时间过后，他适应了。

他对每一位客户都很有礼貌，敲门总是轻轻的，进门总是把鞋子脱了，光着脚进屋。而且每送一位客户的水，他都会记下客户的地址，并在心里默念上几遍。这样，下次送水的时候，就不用走弯路，可以走最近的路。如此一来，他的效率大大提高了，每天，他都能比别人多送些水，这样，他的收入也大大提高了。

一个送水工，一般每个月只有500块钱的收入，而他也不过只有600块左右。那些送水工，干上一年半载不干了，另谋高就去了。而他，干了一年又一年。有认识他的人，告诉他说："年轻人，你有文化，又年轻力壮，怎么不去找更来钱的事做？这送水是没文化的人干的体力活，不应该是你干的。"他却告诉别人说，我觉得送水挺好的，我喜欢干这事！别人听了就摇头叹息，背地里说他只能干一辈子送水工，只能一个月挣几百块钱，是个十足的傻瓜。要知道，城里有好多高中生一个月都能挣上1000多块钱。他不去找更来钱的事做，当送水工，不是傻瓜是什么？

5年，对于一个辛苦工作的人来说，很长；但是对于一个快乐工作的人来说，则很短。5年，他开开心心地当一名送水工。五年过后，他辞职了。

以前，多次有人劝他不要当送水工，他都不听。现在，没有人再劝他了，他倒主动辞职了。他用自己这些年的积蓄开了一家送水公司。人们觉得他必定失败，城里的人家，早就订水了，他新开公司，谁订他的水？

人们都错了，他没有失败，有很多人订他的水，订他水的人，是他这些年认识的客户，以及客户的亲朋好友。每天，他的送水工来来往往地将公司的纯净水一桶桶地送出去，他送水的业务占据了全城的一半。别的送水公司只有几名送水工，而他的公司则有几十名送水工。他不需要每天亲自去给人送水了，只坐在办公室里管理业务就行了。

听了他的故事，我觉得这是一个奇迹。一个小小的送水工，竟然成了一个有名的送水公司的老板。我问他，你是怎么出人意料地创造了这个奇迹的？他说，这城里，干上5年送水工的人有几个？他们大多只干一年半载，而我一干就是5年。在这5年里，我结识了不少的客户，还跟他们的亲朋好友认识了。我给他们的印象都很好。我说我要开公司了，问他们订不订水，结果他们都表示愿意订我的水。况且，他们根本不记得我以前的那个送水公司，也不认那个公司，他们只认我这个人。如此一来，我的公司一开张就赢得了这么多的客户。

最后，他又笑着对我说，一个人，只要认认真真地干一件事，只要干上 5 年，就一定能够干出成绩，创造出一个世界来！

这话我深信不疑。现在，我们太多的人，总是在一件事情上，干上几个月就待不住了，一心想着更来钱的事。如此一来，又怎么能在一件事情上干出成绩呢？谁能认认真真只钟情于一件事，坚持干一件事，干好一件事，谁就能获得成功，拥有一个属于自己的世界！

别轻易踢开绊脚石

◎孙盛起

4年前，我和朋友倾尽所有，在市郊租了一片空地，盖房建舍，然后购进10只种狐，办起了狐狸养殖场。

为了养好狐狸，我们吃住都在养殖场，每天起早贪黑。功夫不负有心人，那年初春，8只母狐相继怀孕。看到自己的劳动就要得到回报，我们兴奋得半夜也要在狐舍前蹲上半天。

进入8月，迎接小狐狸降生的一切准备工作都已就绪。然而，就在我们对养殖场的未来满怀憧憬的时候，一盆冷水从天而降——那天早上我们查看狐舍时，惊讶地发现一只母狐流产了。我们心疼不已，慌忙翻阅资料查找原因，结果却觉得哪一个原因都似是而非，最后只好在母狐的食物中添加保胎药。

可是，让我们怎么也想不到的是，从那以后，那些母狐竟然在没有任何征兆的情况下一个个相继流产，到头来仅有一只母狐产下了3只幼仔。而那硕果仅存的3只幼仔的命运更加悲惨。一天半夜，我们听到狐舍有异常响动，连忙打着手电去查看，结果看到了令我们震惊无比的一幕——那只唯一做了妈妈的母狐正在残忍地啃食自己的孩子，3只小狐狸已经被啃得血肉模糊！那情景太可怕了，我眩晕得几乎跌倒。

我觉得我们根本就是选错了行业。心灰意冷下，我劝朋友，趁那些种狐还欢蹦乱跳，赶快把养殖场卖掉，这样还能收回一些成本，把损失降到最低。朋友虽然也痛心，但他说，咱们不能就这样稀里糊涂地打退堂鼓，至少应该把母狐流产和吃幼仔的原因搞清楚再卖场子。即使失败，也应该败得明明白白！

于是，我和朋友分道扬镳了。我应聘到一家五金销售公司工作。3个月以后，努力和辛苦得到回报，我签下了一张近百万元的订单。我兴奋地回到公司，给库房开单出货，并亲自把两箱样品送到火车站办理托运。对这份订单，我胸有成竹，因为那家公司已经经营多年，从没有出现过退货情况，客户满意率百分之百。

可是，命运就是这样捉弄人，我满怀喜悦、望眼欲穿盼来的，竟然是一张退货单！退货的原因竟是我把货物发错了型号。并且，由于客户要求违约赔偿金，我不仅被扣除全部工资，还被罚款5000元。从同学那儿借钱交了罚款后，我没脸再在那家公司待下去了，只好黯然辞职。

失败、挫折，在事业和工作中，我被两次重重地绊倒，这使我有些心灰意冷。我开始怀疑自己的能力。不久，我又应聘到一家油品公司做销售员，不过我已失去了往日的激情，工作中规中矩，大部分时间都是等客户上门。

一天，朋友忽然打来电话，他不是说，而是喊，声音震得我的耳朵嗡嗡响："我找到原因啦！我找到原因啦！"我既吃惊又兴奋，连忙放下手中的工作赶到养殖场。朋友冲着我一个劲儿地笑，嘴角几乎咧到了耳根。

原来，我们在养殖场里养了一只看门的猎犬，这在狐狸们的眼里是一个巨大的威胁。每当有生人从门口路过，猎犬就会狂吠，生性胆小的狐狸听到叫声心惊胆战，而在母狐怀孕的时候，这种心惊造成的身体痉挛极易导致母狐流产。至于母狐啃食自己的幼仔，大概是觉得幼仔有危险，与其让敌人把幼仔杀死，不如自己把幼仔吃掉。——以上原因是朋友请教了动物专家和饲养员后得知的。真没有想到，原因竟然如此简单！

我当天就辞职回到了养殖场。朋友不仅找到了失败的原因救活了养殖场，更给了我信心和启发。

不久前，我曾供职的那家五金销售公司的经理忽然约我见面，把我交的罚款和被扣的工资交还给我，并诚恳地请我原谅。原来，那次给客户的样品发错了型号并不是我的错，而是在样品出厂时装错了箱，我是替装箱工和检验员背了黑锅。听完经理的解释，我真不知道是喜还是悲。也许，最应该做的是反省自己：如果当时我去装箱和质检部门查一查，事情的真相和责任早就清清楚楚了。

在过去的几个月里，我遭遇了两次大的挫折，遗憾的是每次被石头绊倒，我都是恼怒而匆忙地踢开那块石头，从没有想过去探究一下那块绊脚石、探究一下我被绊倒的原因，所以失败得不明不白。

想来，成功者之所以成功，就是因为他们绝不轻易踢开绊倒他们的石头，他们会问个为什么，并让那块绊脚石成为他们继续前行的垫脚石。

我就是那十万分之一

◎菊韵香

他出生于山东烟台一个临海的偏僻小村子里，沉淀在记忆深处的，是家徒四壁的贫穷。甚至，为了抵挡秋冬时节潮湿阴冷的海风，母亲不得不寻来废旧报纸，一层又一层地糊在窗户上。而正是这些用来糊窗的报纸上的方块字，让他知道了在小村之外，还有一个高远广阔的世界。

“妈妈，这个字念什么？”一有空闲，他就瞪着好奇的眼睛问。听到他的喊叫，不管多忙，母亲都会微笑着走过来，告诉他念什么，是什么意思。上学了，虽然他吃的穿的都不如其他的孩子，但在学习上，他是最优秀的。母亲说，这才是你最大的骄傲。

他牢牢地记住了母亲的话。为了能够拥有最大的骄傲，读初中时他就每天学习到深夜。如果在班级里考了第二名，他也会大哭一场。他一直很用功，并以优异的成绩考上了高中。可是，家庭的困窘兜头浇了他一身凉水。他想到了退学，外出打工挣钱，但被母亲制止了。是的，为了供他读书，家里已负债累累，母亲日夜忙碌，积劳成疾，却也无法改变贫穷的现状。也许，这就是命！他时常苦闷地想。

上高三那年冬天的一个夜晚，他上完晚自习回家，看到母亲还在昏暗的灯光下编着柳条提篮。一只提篮，能卖上3元钱。看着母亲皲裂的双手不停地绕来绕去，他的心里顿时涌动起深深的愧疚。“妈，天这么冷，你早点睡吧。”

母亲笑了，“再有几个月你就要高考了，我想早一天把你上大学的学费挣出来。”

他迟疑了半天，嗫嚅着说：“妈，上大学要花很多钱的，我们家穷，我不想……”

母亲停住了，久久地看着他，“难道你想在穷窝里过一辈子吗？”

他没有回答。他觉得，“梅花香自苦寒来”只不过是个美丽的慰藉。

母亲想了想，放下活计给他讲了一个故事。母亲文化水平不高，不会讲“知识改变命运”的大道理，可她相信在民间流传不衰的故事里，蕴涵着更为实际的处世学问。母亲说，一只鹰蛋从鹰巢里不小心滚了出来，掉在了草堆里。有人发现了它，以为是一只鸡蛋，就拿回家放进了鸡窝。鸡窝里，有一只母鸡正在孵蛋。几天后，它和其他的小鸡一样，被孵化了出来。

于是，它从小就被当作一只小鸡，过着鸡一样的生活。由于长相古怪，许多伙伴都欺负它。有一天，它跟着鸡群在稻场上啄谷子，忽然，山那边一道黑影飞过，鸡们惊慌失措，到处躲藏。

“刚才那是一只什么鸟啊？”它问。

伙伴惊魂未定地告诉它：“那是一只雄鹰，至高无上的雄鹰。”

“那只鹰真了不起，飞得那么高！”它羡慕不已，“如果有一天，我也能像鹰一样飞起来，那该多好！”

“简直是痴心妄想！”伙伴们毫不留情地训斥它说，“你生来就是一只鸡，甚至连鸡们都为你的丑陋感到丢脸，你怎么可能像鹰一样飞呢？”

母亲讲完故事，问他：“儿子，命运就是一只落在鸡窝里的雄鹰。现在，你愿意选择鸡一样的生活，还是像雄鹰一样展翅高飞？”

一时间，他似乎明白了。第二年，他以649的高分考入了哈尔滨工业大学本硕连读班。可他并不满足，专业成绩、英语成绩排名都靠前的他，将目光投向了美国的耶鲁大学，他要去那儿深造。根据全球高校的最新排名，美国耶鲁大学综合实力排名第四，那里的电气工程系更是处在全球同领域的最尖端。考取耶鲁大学是无数人的梦想，每年全球网上报考耶鲁大学的学生达到十万人之多，可是，在美国本土之外，录取名额只有一个。他没有退缩，他选择了搏击，因为他牢记着母亲讲过的故事，他坚信自己就是一只翱翔蓝天的雄鹰。网上报名，资格审查，初试，复试……8个月的时间里，他一路过关斩将，最后与来自清华大学、香港科技大学以及多伦多大学的8位学生一起进入了决定成败的面试。

面试是通过电话进行的。耶鲁大学的教授打来电话，交流用的是英语，考试在不经意间开始。最初也少不了礼貌式的寒暄，“为什么报考耶鲁，你喜欢这里吗？”接下来，谈的就是：你对你所报考的专业了解多少，是否有自己的研究方向，是否提出过独创性的解决思路或者方法。当问到他如果在科研中遇到困难会不会半途而废时，他沉吟了一下，给美国的教授讲起了母亲曾讲过的“鸡窝里的命运”的故事……不知不觉中，大洋彼岸的美国教授也被他的谈话所吸引。“祝贺你，你成功了。你将获得耶鲁大学每年59400美元的全额奖学金。”30分钟后，对方结束了这次长谈，认真地说。

2008 年 4 月初的一天，他的脸上终于露出了会心的微笑，因为他成了十万人中的唯一。是的，命运永远垂青那些知难而进、不懈进取的人！如同他，一个有志学子，他的名字叫牟少帅。

希望是一只美丽的风车

◎古保祥

有位哲人说过：生命原本是一个不断受伤又复原的过程。因此，每当想起往事，我的心中总会充满莫名的感慨，许多回忆像微笑一样，带着一份阳光般的温暖和感伤，让人难以忘怀。

18岁那年，我没能冲上那座梦想了几千个日日夜夜的独木桥。望着桥上那些意气风发的同窗好友，我的心剧烈地疼痛着。

有一个星期，我始终活在高考失败的阴影下，索性关了门，谢绝所有的人，包括我的父母，一个人躲在自己的小屋里暗自垂泪。那时候，我觉得上天对我太不公平了，为什么那么多人都冲过了最后的防线，而比他们优秀的我却跌倒在战场上？一向自信的我，从来没有受过如此的打击，难道命运如此捉弄人，注定我终究走不出这生我养我却封闭落后的村落？

一天下午，父亲可能怕我闷坏了，要我去外面走走，我很不情愿地答应了。这么多天来，父亲从来没有责备过我，也没有像母亲那样苦口婆心地劝我。他只是一个劲儿地抽烟，一支接一支。

我们走在林边的小路上，父亲不说一句话，刹那间，我注意到父亲似乎苍老了许多。路边，一群小孩子拿着风车，这种纸做的迎风转动的玩意儿是我小时候经常玩儿的玩具。由于没有风，我看见他们一个个哭丧着脸。父亲走到他们面前，问："你们为什么不玩儿风车？""没有风，风车不会转。"一个小孩稚嫩的声音响起。"我告诉你们，如果想要风车转动起来，你们不能在这儿等风，风是不会说来就来的，你们必须跑动起来。你跑得越快，风车就转动得越快……"父亲语重心长地对他们说，同时回过头看了我一眼。那几个孩子举着风车跑了起来，而那风车，由于受了外力的影响，越转越快，并伴着孩子的欢声笑语渐行渐远。

我忽然明白了父亲的良苦用心，他用一个极平常的道理告诉我：我不该这样沉沦下去。整日生活在失败的阴影下，只会裹足不前。我需要的是跑起来，启动生命的风车，让它转动起来，这样，我才会有成功的可能。

从那天起，我从迷惘中苏醒过来，重新拾起书本，走上了自考的道路。两年后，我拿到了自考的大专毕业证，那一刻，我泪流满面。

现在，我坐在舒适整洁的办公室里，想起父亲的话仍会感慨万千：要想让风车转起来，你自己必须先跑起来，你跑得越快，风车就会转得越快！

开一扇通向阳光的窗户

◎安 宁

读书的时候为了省钱，我常常是让司机在靠近学校的高速路旁停车，然后自己拦过路车回学校去，这样就可以省下一顿饭菜钱。有一年的冬天，天黑得早，我中途下车后拼命地拦车，却没有一辆肯为我停下来。等天完全黑下来，车辆慢慢稀少，又有雪花纷纷扬扬飘落下来的时候，一向胆大的我终于低声哭了起来。黑暗里我已经完全转了向，不知道自己该往何处去才能走到七里外的学校。高速路两旁皆是大片的田地，靠近路的地方还长满了野草，风吹过来，发出让人毛骨悚然的声响。

车愈加地少，偶尔会有几辆摩托车疾驰而过。拦摩托车的胆量我是没有的，一个女孩子，万一碰上个坏人……那时的我，怀揣着兜里的 200 块钱，心想，如果有好心人把我送到学校，即使把我所有钱都要去我也高兴。但想归想，等到接近九点的时候，真的有一辆摩托车停下来，我却下意识地后退了几步。是个年轻的男人，直截了当地便问，需要我捎你一程吗？不知是因为天冷，还是害怕，我结结巴巴地好一阵才吐出学校的名字来。等车开出一程后，我突然觉得有些不对劲，感觉像是往学校相反的方向走。我不由自主地大叫起来，我说大哥你是不是开错方向了？这个陌生的男人头也不回地大声嚷道，放心吧，没错的，是你转向了！他的声音被风狠命地吹过来，只略微蹭了蹭我的耳朵，便四散开去。我再也不说一句话，听天由命吧。

短短的十几分钟，我却像是经历了十几年。终于看到学校大门的时候，我几乎激动得哭起来。他把我一直送到大门口，这才笑道，怎么样，我没有骗你吧？我不好意思地低头掏出所有的钱来，说，真的谢谢你，不知道这些钱够不够？这个一路沉默不语的男人突然哈哈大笑起来，我要是真的想要钱，一百倍你也得给啊。留着吧，以后别这么节俭，一个女孩子家，多危险啊。看着他向来时相反的方向开去，我的泪又落下来。

人与人之间的信任，真是很难。等到后来我毕了业，一个人在各个陌生的城市里闯荡，每次打电话，父母亲戚朋友们都会极其认真地嘱咐我：千万别好心好意地帮助不认识的人，说不定你的善良会惹来不必要的麻烦。还有啊，晚上尽量少出去，有人敲门，如果是陌生人，最好别开。

庆幸的是，我拥有这样一段让我觉得人情温暖的经历，让我因此在别人的"告诫"中，依然愿意给身边的陌生人敞开一扇门，伸出一只手。我始终记得那个夜晚，载我回校的那个陌生人，记得在我最困难的时候，他停下车，说，需要我捎你一程吗？没有什么能比信任更能拉近人与人之间的距离。所以，亲爱的朋友，如果有人敲门，需要你的帮助，请一定要给门外这个陌生的求助者，至少打开一扇窗。这样，你冷漠的心也会感受到外面温暖、明亮的阳光。

命运就是一匹小角马

◎沈岳明

在辽阔的西伯利亚大草原上生活着大约 150 万匹角马，这些野生的角马均是靠吃草生存。由于这里还生活着老虎、狮子、野狗和豹，这群角马便成了这些食肉动物的粮食。为了保证角马不绝种，每年的 8 月，成年角马都会大量繁衍小角马，每年繁殖的小角马大约有 50 万匹，能生存下来的却不多。尽管角马是群居动物，但因为它们没有锋利的牙齿和爪子，对于食肉动物的侵犯毫无抵御能力，所以也只能以撒开四蹄拼命奔跑来逃避追捕。但因为角马容易受惊，跑起来很混乱，在混乱中，角马很容易丧命。

在如此恶劣的环境下，角马依然顽强地生存了下来。也正是因为这样的环境，小角马生下来 5 分钟就能走路，两个星期便能跟成年角马跑得一样快了。像老虎、狮子和豹，这些体积大的食肉动物，大都选择成年角马下口，因为它们的肉质肥厚鲜美。可对于体积小的野狗来说，小角马则比较容易追捕，特别是还未满两周的小角马，所以小角马从来不敢离开母角马半步。

由于对动物的关注，我每个周末都会收看“动物世界”，对角马也有了一些了解。特别是当我看到一匹迷途的母角马带着它的孩子小角马，跟一群野狗作殊死搏斗的场景时，我被深深地感动了。看似弱不禁风的小角马一次次被野狗咬住耳朵或者尾巴摔倒在地，眼看就要葬身于狗腹，可是小角马又总是摇摇晃晃地站起来，在一群野狗的撕咬中跌跌撞撞地向着它的母亲跑去……如此数十次近百次地被野狗扑倒，又站起来，弱小的小角马从来没有放弃生的希望。后来，那群野狗累得筋疲力尽了，停下来直喘粗气，最终只得无可奈何地看着小角马蹒跚着脚步跟在母角马的身后一步一步地离去……

看到这里，我的全身便充满了一种力量，那是生命的力量！是的，在这个世界上，弱小的动物很多，也常常遭到强大的动物的侵犯。可只要它不言放弃坚决抵抗，便能与世界同在。动物是这样，人生又何尝不是？看似平淡的生活中总是隐藏着那么多的灾难、疾病和不幸……生命显得如此脆弱。但当天灾人祸骤然降临时，只要我们不轻言放弃，顽强地与之抗争，希望之光便会在我们的头顶绽放。

成功是苦难开出的花

◎清 山

2008 北京奥运会男子足球决赛在阿根廷和尼日利亚两队之间展开，结果凭借天才少年梅西的一记妙传，阿根廷队打开了胜利之门，最终夺得了奥运男足冠军。其实，年少成名的梅西的成长之路并不平坦。

梅西出生于阿根廷罗萨里奥市。虽然其名字在西班牙语里与“狮子”的拼写相近，但梅西清秀的面容看上去一点也没有狮子的杀气，而更像是一个天使。由于对足球的热爱，从 5 岁开始，梅西就在父亲执教的格兰多利俱乐部踢球，并在足球方面展现了超人的才华。8 岁的梅西转往纽维尔老男孩队接受正规足球训练，并在那里打下了良好的基础。

正当他对未来充满无限美好的憧憬时，不幸发生了。他在 11 岁时被医生诊断出患有发育荷尔蒙缺乏综合征，这影响到他骨骼的成长发育，几乎可以断送他的足球生涯。

虽然此时阿根廷著名足球俱乐部河床队被梅西的足球天赋所

打动，但由于缺乏足够经费为其支付治疗费用，不得不忍痛割爱。

在球探的引见下，梅西举家迁往巴塞罗那碰碰运气。梅西不畏病痛，在足球场上显露出的天赋和灵性令人目瞪口呆。巴塞罗那体育经理在观看梅西比赛后，当即决定为梅西支付所有治疗费用。2000 年，西甲豪门巴塞罗那俱乐部毫不犹豫地签下了当时无法确定能否摆脱病痛困扰的梅西，并安排他接受一流的治疗。结果梅西不仅战胜了病魔，还在 2004 年成为历史上代表巴塞罗那一线队参加正式比赛最年轻的球员。随后的短短几年，梅西通过令人叹为观止的杰出表现，迅速蹿升为一名超级明星。

2007 年 4 月 18 日，梅西在对赫塔菲的国王杯半决赛中攻入两球，其中一球像极了马拉多纳 1986 年世界杯上对英格兰攻入的“世纪进球”——同样狂奔 62 米，同样晃过 6 名球员，在同样的地方以同样的角度射门。他无与伦比的球技和 1.69 米的身高，很容易让人联想到马拉多纳，于是，媒体开始称呼他“梅西多纳”。

梅西化蛹为蝶的成功，除了天赋之外，更离不开他对足球的热爱和为此付出的不懈努力。在通向成功的道路上，每个人都要面临许多磨难和挫折。成功者之所以成功，只有一条理由，那就是他们能够坦然面对并跨越人生中的种种苦难与障碍，因为成功只有经过苦难的洗礼才能开出最美的花！

一帆风顺是另一种挫折

◎朱成玉

靠海边有一个村子，村子里的人们靠出海打鱼为生。有一户人家，男人在10年前出海时遇难，只剩下母子俩相依为命。生活还要继续，儿子长大了就必须去出海。母亲每天都在替儿子祈祷，祈祷儿子每一次出海都能一帆风顺，平平安安。

或许是母亲的祈祷感动了上苍，果然，只要是她儿子出海的日子，就总是晴空万里，风平浪静。人们都认为他是个福星，所以都纷纷打听他在哪天打鱼，然后便跟着在这一天出海，因为他们相信他能为他们带来好运。

时间长了，他也自认为自己是福星。但是险情还是发生了。

他第一次碰到了风暴。由于一直都没有遇到过风暴，他根本不知道该如何应对。甚至，他连救生圈都忘记带上。除了祈祷之外，他什么都做不了。他只能蜷缩在船舱里，任凭风浪把他吞噬。好在一起出海的人把他救起，他才幸运地捡回了一条命。

太多的顺利让一个人失去了警戒之心，疏忽了对灾难的防范，而灾难一旦降临，便会让他措手不及。

人都希望一生没有挫折，一路坦途。但这可能吗？行船的人都知道，一年平均下来，有多少顺风，就有多少逆风。人生不也是这样吗？总体平均下来，有多少成功，就有多少挫折。你想成功吗？那么就别怕挫折。你怕挫折吗？那就不要期待成功。

一家公司招聘职工，一位高才生去考试。发榜后，见没有自己的名字，便跳河自杀，幸好被好心人救起。后来发现他考的分数是第一名，是那家公司在抄分的时候抄漏了。高才生便去报到，老板却无论如何也不肯要他，高才生很不理解。老板说："这么一点挫折便要跳河，那一旦公司遇到更大的挫折，你怎么办？"

那位高才生之所以要自杀，就是因为他曾经的一切都是那么顺利。从小就活在让人羡慕的环境里，他想要得到的几乎都能得到，一帆风顺养成了他与生俱来的骄傲，骄傲的心往往脆弱如玻璃，一旦不小心掉落，便会支离破碎。

生活中往往就是这样，在贫苦和逆境中成长起来的孩子，比那些温室里成长的"花朵们"更容易成功。因为他们在苦难中摸爬滚打，所以他们筋强骨壮，意志坚定，能适应种种恶劣的环境。

一帆风顺是一种美好的祝愿，但有时候，它是另一种意义上的挫折，而且常常是大挫折。

大树底下好阳光

◎陈志宏

有一句古话流传了千百年：大树底下好乘凉。我们千辛万苦找到一棵大树之后，乘凉成了唯一的享乐。而就在我们躺在大树底下乘凉的时候，宝贵的时光悄然滑过，怡人的人生风景不幸错过，留下的是岁月的痕迹，空自蹉跎。

李开复费尽千辛万苦出国留洋，考入美国卡内基·梅隆大学，导师是著名科学家罗杰·瑞迪。罗杰·瑞迪是美国总统特别顾问委员会信息委员会成员、“图灵奖”获得者。师从这么一个实力派科学家，成为他的研究生，李开复不可谓不幸运。换句话说，真是找到一棵枝繁叶茂的“大树”啊。他无须出类拔萃，只要混到研究生毕业，打着导师罗杰·瑞迪的牌子，那还不是各大公司的“抢手货”？大树底下好乘凉啊。

然而，李开复并没有在大树底下解扣乘凉、合眼安眠，而是在大树的荫庇下，发奋学习，刻苦钻研。他一头扎进计算机语言识别系统的研究中，潜心研制，立志有所作为。研究进行到关键处时，李开复对导师罗杰·瑞迪的方法产生了怀疑，公然拒绝了这位世界顶尖计算机大师的指导，决定按照自己的方式行事。他向导师力陈自己的观点，坚定地说："我想这样进行，而不是你所主张的那样。"罗杰·瑞迪说："我不同意你的看法，但我可以支持你。"李开复是幸运的，大师自有不一样的风格和气度啊。

李开复按自己的路子走了下去，罗杰·瑞迪一如既往地给他提供最好的设备和最新的资料。有心人，天不负，李开复顺着自己的方式往前走，研究终于有了重大突破，语言系统的识别率从原来的 40%提高到 80%。直到今天，全世界所有语言识别的研究都是在他开拓性工作的基础上进行的。

大树底下不仅好乘凉，更有好阳光。在研究受阻的时候，李开复缘何敢于向世界级顶尖大师叫板？可以肯定的是，大师身上散发着阳光，更重要的，李开复心中有阳光。

我们可以仰仗大树，我们可以依赖大树，但是在心中一定要预留一个位置，让阳光照进来，驱逐懒散和消沉，激发斗志和信心。

心中有阳光，人生才透亮。

满分有时也是错误

◎刘述涛

在中国的医学界，提到裘法祖的名字，可以说没有人不知道的，因为现在医科大学的教科书里，还有许多他写的文章。他开创的“裘派”外科刀法，已成为中国外科史上的一个里程碑，而且，他还是器官移植学科的奠基者。

可是有谁知道，就像裘法祖这样治学严谨的科学家，也曾经骄傲自满过。

那是1936年，裘法祖在上海的同济大学医学院结业之后，来到了德国的慕尼黑大学医学院，师从著名外科学家布龙纳教授学习。由于裘法祖学习格外努力，所以每次考试和回答老师的提问，他都能够做到对答如流，有理有据，所以任他课的老师都非常满意。虽然当时的考试十分严格，但是每一次教他的老师都对他说：“你答得太对了，所以我只能够给你一百分，因为一百分之上就没有分数了。我也不能够打一百分以外的分，我认为你只适合一百分。”

正是每一次的一百分，让裘法祖觉得自己十分了不起，认为自己的学业一点问题也没有。因此，后来裘法祖到慕尼黑大学所属许华平医院工作时，他仍然为自己每次考试能够拿到一百分而沾沾自喜，他认为自己已经不需要再学习什么了，只要发挥自己一般的水平，就能够把外科手术做好。

但是，再好的成绩，在自己的导师面前却还等于零，一直等到 8 个月之后，裘法祖的导师才允许他做阑尾切除手术。第一例手术十分成功，这让裘法祖更是觉得自己已经掌握了导师所教的一切，只要拿起手术刀，就能够把每一例外科手术做好。可是在做第三例阑尾切除手术时，却发生了一件令裘法祖意想不到的事情。这位接受手术的中年妇女，在手术后的第五天突然死去了。尽管后来尸体解剖没有发现手术方面有什么问题，但裘法祖的导师还是对裘法祖说：“裘，你知道吗？这是一个 4 个小孩的妈妈。”

就这句话，让裘法祖的内心产生了深深的自责，他想到 4 个小孩从此没有了妈妈；也想到自己在德国学习的这段日子里，老师给自己满分其实是一个错误，因为满分可以让学生停滞不前，永远不知道自己的差距。

也就是从这一天开始，裘法祖决定从零开始，努力在导师身边学习真正的外科知识。就这样，裘法祖在德国的慕尼黑大学所属许华平医院，从外科住院部的医师做到主治医师、副主任医师，并于 1945 年受聘为德国士尔茨市立医院外科主任。

1946 年 11 月，裘法祖回到祖国。今天，他身边的学生也越来越多，而且有许多都是两院院士，但没有一位学生的成绩被裘法祖给过一百分。裘法祖说，如果我给了，那也是一个错误的满分，因为满分会让人骄傲自满、停滞不前；而没有给满分，就可以让他永远明白，他做得还不够，他还需要不断地努力。

行动比思维只能慢半步

我是一个球员，更是一个男人。一个球员、一个男子汉就要像勇士一样去战斗，只要站到了球场边，就没有任何失败的借口，他所要做的就是全力以赴去赢得胜利！

勇士从不寻找借口

◎王者归来

效力于克里夫兰骑士队的勒布朗·詹姆斯是 NBA 联盟里最有天赋的球星之一。他出众的手感、过人的技术、强壮的体魄以及对比赛的掌控能力，都大大超越了同龄人，甚至可以和联盟中的传奇人物“小飞侠”科比相媲美。在他的带领下，本来战绩并不算太出众的骑士队最近几个赛季的战绩都非常骄人，今年更成了总冠军有力的争夺者。只有二十出头的詹姆斯已经取得了让所有人刮目相看的成就。究竟是怎样的力量，使得他取得如此巨大的成功呢？人们在苦苦寻求之后，终于找到了詹姆斯与众不同的成功秘诀——像个勇士一样去战斗！

在一次对抗激烈的比赛中，詹姆斯的身体遭受到重创，不得不在赛后休息静养。平时交情不错的队友们都来探望他，一个有着多年球场经验的队友看了看詹姆斯的伤势，微笑着摇了摇头。“兄弟，这种伤我也受过，非常难受。伤没彻底好之前，就是下床走路都会感到一种撕心裂肺的痛苦——你好好休息吧！”詹姆斯对好心的队友报以微笑，送走大家后又继续安心静养。

然而，谁都没想到詹姆斯离开球队之后，骑士队遭遇到了重大的危机。他们的球队一败再败，士气低靡，球队的前景非常不乐观，整个球队上下承受着巨大的压力。在这紧要关头，教练硬着头皮找到詹姆斯，希望他能带伤提前返回球场，帮助球队走出低谷。

詹姆斯听了教练的话，二话没说，立即表示将参加明天的比赛。第二天的比赛场上，双方的球迷都惊奇地发现，已经宣布要静养的詹姆斯重新披上战袍回到了赛场上。在赛场上，他仍像以前一样勇往直前，如同一只下山猛虎一般横扫球场，将对方打得溃不成军。然而，NBA 比赛的激烈对抗程度很快就让身体有伤的詹姆斯有些支撑不住了。人们清晰地听到詹姆斯每次扣篮之后，不是发出痛快淋漓的大喊，而是因伤口的疼痛而发出低沉的怒吼！

于是，热闹的球场里出现了这样一个奇怪的场景：每当詹姆斯扣篮之后，几万人的球场里立刻变得鸦雀无声，所有人都屏住呼吸，为詹姆斯的身体揪心。

詹姆斯身上的汗水越来越多，球衣很快就被汗水浸透，对方的球员吃惊地发现詹姆斯始终微张着嘴巴，紧咬着牙关……钻心的疼痛已经让他面容变得有些扭曲，可他还在继续坚持着。最终，对手在詹姆斯强大的意志力和他们团结的球队面前输得一塌糊涂！

赛后，几乎所有球员都是步履蹒跚离开球场的，而快疼晕过去的詹姆斯是被架出球场的。全场几万名观众纷纷站起来，为他们心目中的英雄献上潮水一般的掌声！

在不久之后的一次采访里，记者问詹姆斯为什么这么拼命。累得几乎虚脱的詹姆斯艰难地告诉记者：“我是一个球员，更是一个男人。一个球员、一个男子汉就要像勇士一样去战斗，只要站到了球场边，就没有任何失败的借口，他所要做的就是全力以赴去赢得胜利！”说完，詹姆斯大口地喘着粗气，他身边的教练和队友的眼睛全都湿润了。

困难，人人都会遭遇，平庸者在困难面前忙着去寻找借口，优秀者在困难面前一如既往地勇往直前！勇士从不寻找借口！寻找借口是懦夫的行为。这世界只属于勇士，而不属于懦夫！

行动比思维只能慢半步

◎柏兴武

他当时是北京郊区的一个供销社的电工，月薪虽然只有30元，但毕竟拥有了自己的“铁饭碗”。他算了算自己一辈子的工资后感到有点失望。于是，他不顾亲朋好友的劝阻而选择了辞职。

辞职后，他背着一个“装备”齐全的小包当起了刷煤气灶的小贩。那是1982年，北京的普通家庭还没用上燃气具，家家户户都是一个土夯的煤气灶台，日子一久，烟熏火燎就变得黑糊糊的。他打开背包，拿出抹布，先清理一遍灶台，然后给灶台抹上烧碱，用湿抹布哗哗地洗，再用清水把灶台表面清干净。接着，他把清漆和银粉按照一定比例混合好，再均匀地粉刷上去。他干得满头大汗，一天下来，收入8元，除掉成本只有2元纯利。

看到刷煤气灶不赚钱，他想该干点别的事。这年冬天，他在自家厨房自制了60盏落地灯，虽然是“三无”产品，但却被居民们抢购一空，甚至还有一个供销社来向他采购了几十台。60盏落地灯最后一共赚了160块钱。这对于原来一个月工资30块的他来说，已经是一笔巨款了。这笔钱让他从根本上坚定了他能靠自己双手干一番事业的决心，也给了他创业的极大信心。

落地灯的生意做了没多久，他从一个朋友单位买来一批积压的电子元器件做音响放大器。这样，他掘到了自己的第一桶金。

做了几年音响生意后，他发现北京的制造业不如商业发达。偌大的一个北京城，没有一家大到能够把所有的音响品牌、零配件集中起来销售的的专卖店。他看中了玉泉路一家商场，租了下来，建成了一家大音响城。起初因为知名度不高，他的经营非常惨淡，但他认定了这个前景应该是看好的，他选择了坚持。咬牙挺了半年之后，这个大音响城在京城老百姓中间逐渐有了名气，大家都知道他的音响城里面所有音响一应俱全，选择余地大。就这样，他的生意越做越大。最后，他走进了家电生意的圈子，并且成为北京市场最大的家电连锁企业。

就这样，他从刷煤气灶的小贩变成了身价三十多亿的大老板。没错，他就是被称为中国创业名人的张大中。

张大中的成功在于他的“行动比思维只能慢半步”。从他的创业史来看，的确是这样的，他敢想敢作，想到了就立即行动。他的“行动比思维只能慢半步”，让他在别人观望的时候就开始了行动。这样，他总是比别人“快半步”，从而成了行业的领跑人。

麻雀的铁骨

◎牟丕志

猎人老黑是驯养动物的高手。他先后驯服了老虎、大象、黑熊、野马、孔雀等。这些动物在老黑的调教下，都乖乖地俯首称臣，十分听话。老黑还把它们训练成演员，常常带领它们外出表演各式各样的节目，博得了人们的赞赏，为此，老黑得意极了。在老黑看来，世界上没有不可以驯服的动物。

一天，老黑看到几只麻雀在树上飞来飞去，唧唧喳喳，吵吵闹闹，十分有趣。他想，如果把麻雀驯服了，为自己解闷，那该多好呀。于是，他捉住了一只麻雀，决定把它驯练成一只聪明听话、善解人意的小家伙。老黑驯服动物的办法很多，有时用硬的，有时用软的，有时软硬兼施。总之，经过他一番苦心的驯导，没有不买帐的。他想，驯服这只小小的麻雀应该是一件很容易的事了。

老黑将麻雀装入一个笼子里，在不远处仔细观察麻雀的表现。只见麻雀拼命地向外撞来撞去，屡屡不能成功，但并不放弃。时间长了感到累了，麻雀就歇一会儿，然后再继续寻找出去的路径。

老黑想，和其他动物一样，麻雀的求生欲望是很强的。是呀，在这个世界上，有哪种动物不想活命呢？只要它想活命，最后就得听我的。老黑感到很自信。

过了半天时间，老黑估计麻雀已经又累又饿了，肯定是很想吃东西了。于是，他就把事先准备好的谷子和小虫子扔进笼子里，然后躲在一旁偷偷地观看。出乎意料的是，麻雀对那些食物看都不看一眼，继续着它的抗争。

老黑想，你想和我斗意志，门儿都没有，我有的是耐心。你现在不吃，当饿得挺不住了，你就会吃的。你吃了我的东西，你的命运就掌握在我手里了，以后，你就得让我摆布。

一天时间过去了。按说，这时麻雀应该饿得十分厉害了。老黑不时地为麻雀更换食物。但是，麻雀却仍然不吃。老黑有些着急了。他寻思，这麻雀玩儿的是什么把戏，难道它宁死不屈？这真令人难以理解。

发现软的不行，他决定采取硬办法。于是，他伸手抓住了麻雀，硬是把食物塞到麻雀的嘴里，想强迫它进食。可是，麻雀还是不买账，它不下咽食物，还用尖尖的喙狠狠地啄了老黑的手指，痛得老黑直“哎哟”。遇到麻烦的对手，老黑并不感到扫兴，而是颇感有趣。他想，现在我遇到了世界上最难缠的家伙，我一定要战胜它。

他决定采取更狠的办法。他抓来几只鸡，在麻雀面前，接连地割断了鸡的脖子。鸡鲜血直流，一只只在地上拍打着翅膀，在做最后的垂死挣扎。通常来讲，这个办法是很管用的，许多动物面对这般血淋淋的场面，都会吓得浑身发抖，最后都放弃了反抗。老黑曾用这个办法驯服了猴子等多种难对付的动物。

可是，老黑又一次失算了，麻雀还是不怕。老黑隐隐地感到，他遇到了一个强大的对手，对手有一副铮铮铁骨，是一个真正的强者。在这个对手面前，他显得无能为力。不过，他还是不甘心，又请教了许多驯养动物的高手，采取了种种尝试，末了还是没能成功。麻雀仍然大义凛然，不自由，勿宁死。为了自己的尊严，麻雀是不怕死的，它用顽强的绝食来反抗老黑。

最后，老黑终于明白了：麻雀看起来平凡无奇，但它却是世界上最坚强不屈的动物。在这个世界上，你可以杀死麻雀，却不能战胜麻雀。猛然间，老黑心中升腾起一种对麻雀的深深敬意。于是，他决定放了这只英勇的麻雀。

当老黑打开笼子的时候，却发现麻雀已经死了。老黑十分悲痛，后悔不已。他小心翼翼地埋葬了麻雀，还破例为它立了一个石碑，上面写着：不可战胜的动物。

成功和失败是一对高低杠

◎刘东伟

她小时候长得很胖，母亲就让她去体操馆训练。馆长说，她的体形不适合练体操。母亲说，我知道，她不是来练体操的，我只希望她能在训练中消耗一些能量。

她10岁时，已长得像十六七岁的少女，个子比同龄人要高出一头。练体操要求身体娇小、柔韧性好、弹跳好，可是这三项，她一项都不具备。因此，一个基本动作，别人两三遍就完成了，她却几十遍也做不好。她的迟缓甚至影响了训练进度。有一次，馆长对她的母亲说，还是让她退学吧，因为她的存在，馆里的训练计划都完不成。母亲知道。一旦停止训练，她的体形会更糟，所以，母亲恳求馆长让她继续训练下去。

那一年，国家队的几位教练到馆里来选拔人才，其中就有著名教练鲍里斯·皮尔科林。馆长担心她会影响体操馆的形象，便把她叫到身边，说，等教练们来了，你不要参加会演。有人问起来，就说你是一名场地清洁工。她点点头。其实她对体操没有多少兴趣，国家队对她来说，一点儿吸引力也没有。

她的同学们一个个尽力地展示着自己，希望被选入国家队。会演那天，她站在场地的一角，始终表现得很平静。等同学们都会演完了，馆长问几名教练，有没有合适的人选？有个教练看到她站在一边，笑了，问馆长，她也是你的学生吗？馆长忙说，不，她不是。本来，馆长以为随便应付一下，事情就隐瞒了过去，没想到一个叫布妮的学生大声说，她是的，她天天都和我们一起训练。布妮刚刚被教练评价为基本功最差的学生，备感羞耻，自己当然不想做最差的学生，所以想拉她出来垫背。

是吗？鲍里斯问馆长。馆长只好点点头。鲍里斯向她招招手，她走了过来。鲍里斯说，你做几个动作看看。她走到场地上，做了五个动作，有三个失败，另外的两个也不到位。鲍里斯问其他教练，你们觉得她怎么样？那几位教练都认为，她个头太高，不适合练体操。

鲍里斯坚持己见，将她吸收进国家体操队。但是，在接下来的训练中，她始终表现得很平庸，几乎在参加的所有比赛中都失败了。体操界对她的非议越来越多，有人给她起了个外号“笨象”，这极大地伤害了她的自尊。一天，鲍里斯将她叫到自己身边，对她说，有失败才有成功，现在你要克服的不但是身体上的缺陷，还有心理上的障碍，知道吗？她沉默了半晌，突然抬头说，教练，从今天开始，我会好好练的，我要让他们看到，我不是一头笨象！

“好。我分析过你的客观指标，身材修长是你的优点，恰恰又是你的缺点，因为在体操界，一个身材过高的人，很难在器械上完成高难度动作。不过，我想，你会成功的，因为我相信自己的眼睛。”

之后，鲍里斯对她的训练开始有了方向性，一是训练她身体的柔韧性和动作的美感；二是对她进行高低杠的专项训练。鲍里斯不仅是个教练，也常常担任一些国际国内赛事的裁判。所以他清楚裁判的心理，他认为她身材修长，能展示女性的曲线美，这恰恰是能给裁判留下好印象的关键。

训练中，鲍里斯给她加入了一些展现躯体美的动作，使她的姿态具有视觉冲击力。高低杠几乎是所有体操运动员最为头疼的项目，因为她们大多身材娇小，在其他器械上可以尽展灵巧的一面，但在高低杠上就不行了。而她由于身材修长，在高低杠间的腾跃就显得很自如。每一个动作，她要练上几十次，上去摔下来，摔下来再上去。为了训练自己的柔韧性，她每天晚上要弯腰一个小时。由于超强的训练，她的腰多次受伤，甚至动过手术。但是，凭着坚强的意志，她一步步走上成功之巅，成为一只在高低杠上展翅飞翔的白天鹅，终于在 1996 年亚特兰大奥运会上获得高低杠项目冠军，四年后，又在 2000 年悉尼奥运会高低杠项目上卫冕成功。

她就是现代女子体操的形象代表、俄罗斯体操界的骄傲——霍尔金娜。

成功和失败本身就是一对高低杠。不经过低杠，则攀不上高杠；跨过失败，才能成功。

允许别人踹一脚

◎游宇明

2008 年 6 月 22 日，第 11 届上海国际电影节落下帷幕，在影片《千钧一发》中饰演“老鱼”的马国伟获得该届电影节金爵奖最佳男演员奖。世界上成为各种电影节影帝的人多的是，但以非职业演员的身份获得这种殊荣的却凤毛麟角。

年近五旬的马国伟是哈尔滨市公安局一个基层派出所的副所长，分管刑事案件。年轻时的马国伟曾经在哈尔滨毛毯厂当工人。1982 年，一直崇拜警察的马国伟从该厂考入哈尔滨市公安局，正式成为一名警察，迄今已有二十多个年头。马国伟热爱自己的工作，曾经亲手抓捕过四个杀人犯。

由马国伟饰演男一号“老鱼”的影片《千钧一发》，根据齐齐哈尔市公安局民警、排爆英雄于尚清的真实事迹改编。马国伟担任主演是一个偶然的机会。2007 年 3 月 5 日，“高群书导演到我们派出所选外景，我正好跟另外一个民警在片场协调工作，这么着让高导给看中了。”马国伟说。当高群书决定把男一号交给马国伟时，从没演过戏的马国伟打了退堂鼓。再去见导演时，他找了个同行顶替，“他当警察前，也当过20多年兵，年纪和原型只相差两岁，性格个性也像。”马国伟向高群书推荐说。高群书大手一挥“别烦了，就这么定了。”3月8日，黑龙江省公安厅召开开机大会，接着，剧组就被拉到了故事发生地齐齐哈尔。“怎么办啊，开机大会上我也表了决心下了保证，没法退出了，就当是完成政治任务了。”在片场的第一个星期，马国伟紧张得连觉都睡不着。

也许是由于心理压力太大吧，马国伟在一场需要表现紧张情绪的戏中卡了壳，拍了五六条都不理想。他的警察同行、业余演员迟强急了，飞起一脚朝马国伟踹去，不想这一脚居然让马国伟找到了感觉，拍的镜头获得了导演的认可。

马国伟能取得今天的成功，当然有自己努力的因素，但关键时刻别人的临场一“脚”也起了非常重要的作用。马国伟不敢演男一号，高群书导演在精神上“踹”了他一脚，让他硬着头皮上了阵；演戏找不到感觉，他的搭档迟强在肉体上踹了他一脚，让他克服了心理障碍。不难设想，如果马国伟不允许别人在紧要关头“踹”他一脚，他不可能登上影帝的宝座。

允许别人“踹”自己一脚，首先要克服虚荣心。我们这个民族非常讲究中庸之道，对一个人说奉承话容易，直言指出他的不足，甚至用比较严厉的行为促使其改正，往往要下很大的决心。这个时候，如果我们小肚鸡肠，斤斤计较一点脸面上的小损失，估计没几个人敢“踹”你。即使以前“冒昧”地“踹”了一下，以后也不敢再“踹”。

要干成一件事，光是允许别人“踹”你还不行，还得认真吸收“踹”中的营养。高明的“踹”其实就是一种点化，它促使你认真挖掘自我的潜质，让你明白自己该干什么不该干什么。只有当别人的“踹”推动了我们生命的跳跃，这种“踹”才有实际意义。

走下巨人的肩膀

◎刘东伟

尼古拉斯的父亲奥古斯特曾是旧金山大学文学院的院长，他的叔叔弗朗西斯是以电影《教父》闻名于世的大导演。17 岁之前的尼古拉斯，虽然自身没有光彩照人的地方，但是，由于他站在巨人的肩膀上，所以，也成为众多同龄人崇拜的偶像。

在一次音乐课上，尼古拉斯给同学们讲述叔父拍摄电影的花絮，他一边讲，一边手舞足蹈。同学们被他吸引得心驰神往，都入了迷，以至于指导老师约翰在讲台上站了足足 10 分钟，也没有人觉察到。

尼古拉斯正在模拟一个搞怪的动作，突然看到了约翰，马上停下来。其他同学也发现了约翰，忙回到各自的位子上。约翰望着尼古拉斯说，你比老师的影响力还要大，在我的记忆中，几乎没有一堂音乐课能够吸引同学们这么专注地听讲。尼古拉斯的脸唰地一热，内心却在沾沾自喜。

约翰洞察肺腑地看了尼古拉斯一眼，缓缓地说，我知道你的父亲和叔父都是名人，他们就像两个巨人，成为你骄傲的资本。但是，你想过没有，多年之后，人们记住的是他们，而不是你，为什么？因为你不是巨人，你只是个站在巨人肩膀上的小人物，甚至，后人根本就不知道你的名字。

尼古拉斯的心猛地一震，汗淌了下来。约翰的话刺痛了他。是的，他除了拥有父亲和叔父的光环，还有什么？

从此，尼古拉斯以叔父电影中的明星为目标，经常去影院观看他们的演出，并用心揣摩怎样快速地融入角色。但是，他并不借助于父亲和叔父的名气，甚至将自己的姓改为音乐老师约翰的姓。1982年，尼古拉斯初次在影坛露面，参演了《开放的美国学府》，之后，又陆续出演了《村姑》、《斗鱼》、《鸟人》、《月色撩人》、《我心狂野》、《火鸟出击》等电影。1995年，尼古拉斯在《逃离拉斯维加斯》一片中，凭借优秀的表演，一举夺得第68届奥斯卡最佳男主角奖，成为国际巨星。

站在巨人的肩膀上，你虽然比巨人高，却不是巨人，因为是巨人托举了你。只有走下巨人的肩膀，靠自身的不断进取，你才会成为另一个巨人。

让内心拥有春天

◎沈岳明

小时候跟父亲去山上砍柴，看到两棵树：一棵表皮衰老毫无生机，另一棵看上去则生机盎然。我建议父亲说：“不如将那棵快要死了的树砍了吧。”父亲问：“你说的是哪棵树？”我指了指表皮衰老而粗糙的那棵树说：“当然是这棵要死了的树啊。”父亲摇了摇头说：“不，这棵树死不了，倒是那一棵树需要砍掉。”

我不解地问：“这是为什么呢，这棵树的表皮看上去都枯萎了，而那棵树的表皮明明还透着青色啊。”父亲说：“看一棵树，不光是看表面，而要看它的‘内心’。你看这棵树，虽然表皮粗糙枯黄，但它的‘内心’是好的。而那棵树，虽然从表皮上看它是一副生机盎然的样子，其实它的‘内心’已经枯朽。”说着，父亲用手敲了敲两棵树的树干，那棵表皮枯萎的树发出的是结实的声音，而那棵表皮透着青光的树，发出的则是空荡的声音。

曾听过一个有趣的故事：四处云游的老和尚和小和尚，在经过一个富人家的门口时，发现了一个饿得快要死了的乞丐。乞丐蓬头垢面、浑身颤抖地躺在一个草堆旁，用一双无神的眼睛，乞求地盯着过往的路人。其时，正是冬天，小和尚起了怜悯之心，于是对老和尚说："您看这个富人真是不厚道，眼看着自家门口躺着一个又饥又冷的乞丐不管，这个乞丐肯定会在这个冬天因饥寒交迫而死去。"谁知老和尚却摇了摇头说："人的寿命不会因贫富而受到影响。"小和尚不信，于是老和尚说："你还是等着瞧吧。"

一年后，老和尚和小和尚再次云游至此，没想到那个富人因受不了破产的打击自杀了。而那个乞丐则仍然还躺在草堆旁乞讨，尽管依然潦倒，毕竟生命尚存。小和尚不解地问老和尚："为什么会是这样的呢？那个富人虽然破产了，但也不至于自杀啊，大不了他也像那个乞丐一样去乞讨。"老和尚说："表面上看，富人因富贵而强大，但他的内心却十分脆弱；而乞丐看上去潦倒凄惨，但他的内心却十分坚强。富人是因内心脆弱而死，乞丐却是因内心坚强而生啊！"

一棵树如果心藏春天，哪怕风霜雨雪将它吹打得遍体鳞伤，它也有枝繁叶茂的那一天。一个人，如果内心坚强，哪怕遭遇再多的坎坷，甚至步步荆棘，也会以顽强的生命力来与命运抗争。

数学史上的花木兰

◎小　丑

公元前212年，罗马军队入侵叙拉古。年近80岁的阿基米得正在全神贯注地研究沙堆中的一个几何图形，因此疏忽了一个罗马士兵的问话，结果被长矛戳死。

18世纪，索非·热尔曼在一本名为《数学的历史》的书中看到这一幕，她想：如果一个问题能令人痴迷到将生死置之度外，那么这必定是世界上最迷人的问题了。

从此，15岁的巴黎女孩索非·热尔曼对数学着了迷。她经常学习到深夜，研究欧拉和牛顿的著作。那时，学术界不鼓励女性研究数学，因为有专家称，女性的智力没办法读懂数学。甚至有一种迷信的说法：每一个数字都被上帝赋予了神的力量。如果有女性介入，那么神会生气。不但她得不到任何研究成果，就连与她合作的人也出不了成绩！

当父母得知索非·热尔曼在学数学，他们没收了她的蜡烛和衣服，搬走所有可以取暖的东西，眼睁睁地看着她在寒冷和黑暗中瑟瑟发抖。但这些困难打不倒索非·热尔曼，她用偷藏的蜡烛照明，用床单包裹着身体继续学习。有一次，墨水在墨瓶里冻成了冰块，钢笔吸不上水，她就把墨瓶抱在胸前，一点点地捂化，然后继续演算。

索非·热尔曼的执著感动了父母，他们不再无情地阻止她，还尽可能地给予帮助。1794年，巴黎综合工科学校成立，索非·热尔曼非常渴望进入这所学校学习。但是该校只招收男生，这让索非·热尔曼深感失望，但她仍然没有放弃对数学的学习。

索非·热尔曼的邻居里，有一位名叫勒布朗的男生，是巴黎综合工科学校大数学家拉格朗日的学生，因为学业艰难，中途辍学了。索非·热尔曼灵机一动，决定冒他之名进入学校。乔装打扮之后，她一身男装进入了学校，并将自己的名字改成了勒布朗。

学校行政当局对此毫不知情，依旧为勒布朗印发课程讲义和习题。索非·热尔曼设法取得这些材料，每星期以“勒布朗先生”的名义交上习题解答。一切按照计划顺利地进行着，直到两个月后，拉格朗日觉得再也不能无视这位“勒布朗先生”在习题解答中所表现出的才华，因为“勒布朗先生”的解答不仅巧妙非凡，而且展示了“他”的深刻的思想。

一段时间后，拉格朗日想单独会见“勒布朗先生”，他要和这位才华洋溢的年轻人好好聊聊。尽管索非·热尔曼心里非常害怕，但还是硬着头皮去见了拉格朗日。当拉格朗日发现 “勒布朗先生”竟然是个女孩时，不由得大吃了一惊！

索非·热尔曼红着脸，紧张得心都快从嗓子眼儿里跳出来了。她恳切地说：“教授，对不起，我骗了您，您会不会让我退学？”见拉格朗日不说话，索非·热尔曼鼓起勇气说：“难道您也认为女性研究数学会受到神的惩罚吗？”

拉格朗日哈哈大笑起来，说：“不，我是在想，怎样才能说服校长，让你以真正的女孩身份来学习数学！”索非·热尔曼笑了，她深深地向拉格朗日鞠了一躬：“谢谢您！”这时，拉格朗日才一本正经地说：“索非·热尔曼，如果我此前还有些怀疑的话，那么现在，我已经完全不相信那些鬼话了，因为事实证明，你这位女性学生，比任何男性学生的成绩都要优异！”

后来，拉格朗日不仅成了索非·热尔曼的导师，他们还成了忘年交。索非·热尔曼变得越来越有信心，并且开始涉足数学领域。当她对费尔马大定理的研究取得突破性成果时，拉格朗日将她介绍给了包括高斯在内的许多鼎鼎有名的科学家。

当高斯看到索非·热尔曼的研究成果时，也感到惊喜万分。之后，法国数学家勒让德和狄利赫莱以及拉米等人，都是在索非·热尔曼的基础上推进了对费尔马大定理的研究工作。

高斯给了索非·热尔曼莫大的鼓励，激励她在物理学中作出了重大贡献。她写出了《弹性振动研究》这篇杰出的、见解深刻的论文。正是这篇论文，奠定了现代弹性理论的基础。由于她的杰出贡献，法国科学院颁发给她金质奖章。高斯还说服了哥廷根大学授予她名誉博士学位。

索非·热尔曼的成功为所有女性赢得了与男性平等学习知识的机会。她在回忆录里写道：“也许你一生下来就被人认为这辈子你不能做某件事情，但只要你自己觉得能做，那么你就全力以赴！”

做好一件事

◎凤 凰

20 年前，他和 9 个师兄在同一个师傅那儿学做包子。他是师弟，拜师晚，人也笨，等出师的时候，他做包子的技术比 9 个师兄任何一个都要差。他们每个人都去开了一个包子店，由于他做的包子不好，因此生意很差。父亲劝他改行，不要再做包子了。但他不听，他发誓他这辈子就做包子，一定要做出人们喜欢的最好吃的包子。

包子的利润是极低的，9 个师兄的包子虽然做得不错，但还是先后都改行了，有的去修理电器，有的去开了超市，有的去开车等等。他们也多次劝他改行，可他就是不听。

他一直坚持做包子卖包子，一直想做好包子。20 年过去了，如今，他成了城里有名的包子大王，他做的包子好，人们都喜欢吃。每天，他都忙不过来。他知道用什么面粉做包子好，包子要做多大好，包子什么时候上笼什么时候起笼好。城里的人都喜欢吃他做的包子。每天，他的包子店都有员工不停地出去送外卖。虽说一个包子的利润只有几分钱，但是他卖出去的包子多，也就赚了不少钱。

他的9个师兄见他的生意那么好，赚到了不少钱，眼红了，于是上门来讨教，说要跟他学做包子。他听了就说，你们不是干得好好的，干吗又要学做包子呢？况且，你们不是已经放弃了吗？师兄们说，我们还想开包子店，我们学艺不精，做的包子不好，师弟，你教我们一手吧！他说，我不是怕你们抢我的生意不肯教你们，而是因为做包子根本就没有什么秘诀。你们见哪一行来钱，就干哪一行，不停地改行，能把什么做好呢？我天天摸着面粉、做着包子，对包子有了感情，包子在我手上，自然就做得不一般了。我一直都只想把包子做好，没想着挣大钱，结果却把包子做好了；你们一心想着挣大钱，心思不在包子上，就是做包子也做不好的！你们说呢？9个师兄听了，恍然大悟。

坚持做一件事，把心思放在事情上，才能把事情做好；把心思放在钱财上，见什么来钱就去干什么，这样的人，永远做不好事情，也永远不会成就事业。

迈出一步并不需要多大的勇气

经过一段时间的辛勤打磨，他终于磨制出了一个小小的透镜。这就是列文虎克制作的第一台显微镜，它的放大能力相当大，竟超过了当时世界上所有的放大镜。

每一朵鲜花都朝太阳奔跑

◎王国军

那一年，我初中毕业升高中。母亲得了一场大病，花光了家里所有的积蓄。眼看着开学的日期越来越近，但我和哥哥的学费依然没有着落。父亲把旱烟袋抽得啪啪直响，但里面没烟，父亲抽的是无奈和焦急。

父亲只好去借高利贷。说实话，我是不愿意去读师范的，我想读高中，读大学，但在生活窘迫的那个年代，那只是一种奢望。父亲希望我能早日出来工作，以缓解家庭沉重的压力。

入学后，家庭贫寒的我，很快成了大家嘲笑的对象。吃饭的时候，我只能跑到偏僻的教学楼顶层，啃着冰冷的馒头，唯一的菜肴是从家里带来的咸菜。班上自发组织的活动，我是从不参加的，因为没钱，我只能躲在寝室里，看书或者胡乱涂鸦地写些文字。

不过，我也有让人家羡慕的事，那就是我写得一手好毛笔字。还有，我经常能在学校的校报上发表几篇文章。这些都让我在别人如刀的目光中多少可以找回点自尊。

毕业那年，学校准备组织一批有书法功底的学生去省里参加培训。班主任推荐了我，考虑到我家的情况，班主任还特意向学校申请，减免我一半的费用。尽管如此，剩下的钱，对我来说，依然是一个天文数字。

消息传到班上，很多人肆无忌惮地攻击："瞧他这个德行，穿的还不知是哪个垃圾堆里的臭鞋。还想鲤鱼跳龙门，500块，出得起吗？"

一直以来，我穿的都是一双雨鞋，被割掉一半的雨鞋。是刚入学那会，母亲给我做的。她说："城里的人都穿皮鞋，咱买不起，我就给你做双，穿上，照样神气，不输给城里人。"于是，在同学们冰冷的目光里，我照样把鞋子踩得噔噔直响，一脸傲然。

我很想去参加培训。那些天，我一直都在做一个同样的梦：我站在雄伟壮观的展会大厅里，手捧着书法比赛的最高奖项。下面是那些曾鄙视和嘲笑过我的同学，他们羞愧地低着头，我的心飞翔起来。

父亲打电话过来，他还是那句话，就算砸锅卖铁也要支持你。于是，我期盼着父亲能早早把钱送来。等了三天，仍没消息，离最终确定的日子只剩下一周了。班主任再次找我，问我有什么困难？我咬咬牙，说没有。背后传来一阵坏笑，无知的坏笑。

中午时，突然有人叫我，说，你爸在门口等你呢。我反问，你怎么知道是我爸爸，你又没见过他。同学摆出一个拇指向下的手势说，那还不简单，和你一样穷呗。跑到门口，果然是父亲，他手里提着一大袋黄米粉，说："这是你母亲给你做的，香着呢。要搞好同学关系，好东西不要只一个人独享，所以你妈妈让我多带了点过来。"我反驳说："他们才不稀罕这些破东西呢。"我看见父亲本来笑容满面的脸一下子落寞了，良久，他才说："儿子，咱家是穷，可也穷得有骨气。"

我留父亲吃了一顿简单的午饭，到走的时候，父亲依然只字不提500元的事，我忍不住提出来。父亲从身上摸出一小团烟草，塞在烟枪里，划几根火柴，才点燃。父亲在青烟里平静了一下心情，他沙哑嗓子着说："孩子，只要你写得好，终究能出人头地，何必在乎一场培训呢。"然后，用不知从哪里学来的一句话补充，"如果你是鲜花，你总能朝着太阳奔跑。"

父亲的话其实在我的意料之中，但我还是哭了，为自己没能在同学面前潇洒地抬一次头。班主任再次找我，我没有说是因为家里出不起钱，我只是说我想写一部长篇小说，有志于朝这方面发展。

就在培训团出发的当天，电视上报道，附近的一座黑煤矿发生瓦斯爆炸了，死了好多人。母亲着急地打来电话："你爸说去井下给你赚培训费，回来没有？"我顿时觉得天昏地暗，连忙朝门口跑去。不远处一个熟悉的身影跑过来，正是父亲。他脸上的胡须很长了，一件衬衫已经支离破碎，手上还有几道明显的伤痕。

父亲不安地说："有没有耽误你的行程？你快去吧，我把钱带来了。"我一把握住他的手，泪流满面："爸，你怎么能去冒这么大的危险，要是你不在了，我可怎么办？"父亲搓着手说："孩子，你爸不是个言而无信的人，答应你的事，我就尽力做到。我运气还好，刚上来，就爆炸了。"父亲说完就要去找我的班主任，我说："爸，我早想通了，我不去了。您不是说过吗，是鲜花总会朝着太阳奔跑，我相信我是一朵傲人的花朵。"

那一刻，我才真正觉得自己长大了。后来，我参加了省里组织的青少年书法比赛，获得一等奖，还接受了电视台的采访。当我捧着金灿灿的奖杯回学校时，所有的同学都对我刮目相看。

后来，我凭着优异的成绩考上了湖南师范大学，再后来就是读研究生、博士。今年，我出版了第一部长篇小说。因为爱，我才能勇敢地朝着太阳奔跑。

把事情做到极致

◎薛　峰

钱卓拉塞卡尔教授是美国著名的天文学家，他曾在白矮星的研究上取得了历史性的突破，对宇宙学作出了重大贡献。为了培养学生的天文学爱好和热情，芝加哥大学开办了天文物理班，邀请钱卓拉塞卡尔教授来授课。从教授居住的地方到芝加哥大学有130 千米的路程，并且是冬天，但教授还是同意了。

天文物理班最初有几十名学生，大家对这方面很感兴趣，都想了解一下天体的情况。可当真正进入学习时，他们却感到枯燥无味，便一一退班了，天文物理班很快就剩下了两名学生。对此，学校很是抱歉，面对现状，他们告诉钱卓拉塞卡尔教授可以不必每天都来上课，只要偶尔来辅导一下这两个学生就可以了，薪水照样发放。但钱卓拉塞卡尔教授却还是坚持每天来上课。

许多人对钱卓拉塞卡尔教授的行为表示不理解，大家都认为，这位教授单为了区区两个学生，在严酷的冬天奔波于这段来回 260 千米的路上，实在不值得，还不如赶快把课程结束掉。

然而，这位教授却始终坚持把这门只有两个学生的课程继续教下去。他认为，那么多学生都走了，只剩下两个学生，这表明他们是对天文物理学真的感兴趣。既然这样，为何不满足他们两个的愿望呢？再者，正因为这堂课只有两个学生，他因此能有更充裕的时间来加深对学生的指导，这样不更好吗？人们纷纷摇头，觉得教授真是有些愚昧了。

就这样，钱卓拉塞卡尔教授把天文物理课程坚持了下来。

而奇迹也出现了。

谁也没想到，几年后，这两个学生先后获得了物理学界的最高荣誉——诺贝尔奖。接着，在 1983 年，教授自己也获得了这项殊荣，以表彰他对恒星结构和演变有重要意义的物理过程的理论研究。

既然做了，就要做好，不走半截路，不能半途而废。把事情做到极致就是追求精益求精、完美无瑕，反映出一种品质、一种性格。

我们都应该像钱卓拉塞卡尔教授那样，兢兢业业，一丝不苟。把事情做到极致，你会进入一种更高的精神境界，实现你的人生价值。

打磨一面镜子

◎沈岳明

列文虎克出生在荷兰的一个贫困家庭，才上了几年学，便独自外出谋生，后来经人介绍当了一个看门人。

有一天，列文虎克从别人那里得知，当地有一家眼镜店，刚进了一批放大镜。这在三百多年前，可是个新鲜事。于是他想买一个放大镜来玩玩儿。但到眼镜店一问，价钱贵得吓人。列文虎克觉得，与其花钱买镜，还不如自己磨。从那时起，他便耐心地磨制起镜片来。经过一段时间的辛勤打磨，他终于磨制出了一面小小的透镜。这就是列文虎克制作的第一台显微镜，它的放大能力相当大，竟超过了当时世界上所有的放大镜。

有了显微镜后，列文虎克了解到了许多不为人知的东西。他发现，原来就在人们赖以生存的空气，以及人们的指甲里，都藏着大量致病的微生物。今天看来很简单的常识，在那时就连赫赫有名的英国皇家学会也全然不知。由于人们无法用肉眼看见它们，因而几千年来，人类竟不知道世界上还有微生物这种东西存在。

而第一个发现这些微生物的人，竟然是一个没读过什么书的看门人。

1673 年的一天，英国皇家学会收到了一封厚厚的来信。打开一看，原来是一份用荷兰文书写的、字迹工整的记录，其标题是：《列文虎克用自制的显微镜，观察皮肤、肉类以及蜜蜂和其他虫类的若干记录》。

当时，在场的学者们看了标题后，都觉得滑稽可笑。不料，他们读着读着，一下便被其中的内容吸引住了。列文虎克这样写道："一粒粗糙沙砾中有 100 万个这种小东西；而一滴水中，能够寄生大约两百七十多万个微生物……"

1675 年，他又将观察记录送往了皇家学会："我用 4 天的时间，观察了雨水中的小生物，这些小生物比直接用肉眼看到的东西要小万倍。它在运动的时候，头部会伸出两只小角，并不断地活动，角与角之间是平的。如果把这些小生物放在蛆的旁边，它就像是一匹高头大马旁边的一只小蜜蜂。在一滴雨水中，这些小生物要比我们全荷兰的人数还多出许多倍……"

1723 年，英国皇家学会收到了 91 岁高龄的列文虎克的一封信和一大包东西。信上详细地介绍了显微镜的制作方法，包裹里装的则是大小不同的显微镜共 26 台和好几百个放大镜。列文虎克从此被誉为微生物科学巨匠。

大象的鼻子

◎牟丕志

上帝在造大象的时候，一时疏忽把大象的鼻子拉得又大又长，使大象变得奇丑无比。他想为大象重新造一个鼻子，但转念一想，世界上已经有很多美丽的动物了，比如老虎、长劲鹿、天鹅、孔雀等，也应该有一些丑陋的动物才是，这样世界才变得丰富多彩。于是，他决定让大象接受丑陋的事实。

大象一开始并不知道自己长得丑陋，它喜欢到动物中间去活动。可是，别的动物见了它后都纷纷躲开了，像是碰到了怪物。大象十分纳闷，心想，自己是一个善良温和的动物，从没有伤害过其他动物，可为什么大家如此不愿意和我在一起呢?

一天，大象去湖边喝水。湖水清如明镜，大象仔细地看着自己在水中的影像，天哪，自己怎么这样丑陋呀！大象伤心极了："上帝为什么给别的动物制造出比例合适而且好看的鼻子，偏偏给我造了一个奇大奇丑的鼻子？"

不过，大象是心胸开阔的动物，它想，上帝不会给我丑陋的东西，既然有了这个大鼻子，那么就用它做些事情吧。

它学会了用鼻子吸水。只要自己站在河边上，把长长的鼻子往河中一伸，就很容易吸到河中的水。这样别的动物喝不到水的地方，而大象往往能够喝到。大象还用长鼻子去卷树枝、拔树干，以作为自己的食物。由于鼻子又长又大，它能够到很高地方的树枝树叶，拔出很粗很粗的树木。丑鼻子给大象带来了数不清的好处。

由于大鼻子发挥了作用，大象吃到和喝到的东西又多又好。而且由于经常使用鼻子干活，使大象得到了很好的锻炼，它的身体越来越强壮。后来，大象成为陆地上最为强大的动物，很少有动物敢挑战大象。

这天，上帝忽然想起了大象和它的丑鼻子。上帝感到很内疚，觉得一时突发奇想，却给大象造成了终生的遗憾。于是，他想找到大象，给它重新造一只好看的鼻子。

可是，当他找到大象时，却吃惊地发现大象已经不是原来的样子了，它变成了庞然大物，它的鼻子比原来大多了也长多了，看上去并不丑，而是显得很有力量。

“天哪，”上帝惊叫一声，说道，“大象是一个聪明的动物，它把自己的丑陋变成了一种力量，丑鼻子已成为大象生存的法宝。看来我没有必要再改造它了。”

人都不希望自己长得丑陋，但是，你若长得“丑陋”该怎么办？自惭形秽是不解决问题的，最为明智的选择是以此作为抗争的动力，将“丑陋”转化为一种力量。当你变得强大的时候，“丑陋”就会转变为一种美丽了。

如果心态不“在线”

◎绘　丹

他是一名短跑选手，上高中时就崭露头角，并很快被大牌教练发现。良好的身体素质和科学的训练方法让他的成绩迅速提高，在同龄组的比赛中遥遥领先，17 岁便正式开始参加竞争激烈的高水平赛事。

在教练的精心调教下，这位出生牛犊不怕虎的少年一路高奏凯歌，连夺几项重要赛事的冠军。教练提醒他，这只是一般的比赛，真正的考验还在后头。一年后，他在全国大赛中才首次感到实实在在的压力，复赛便被淘汰。原来有如此多对手！他过去可从来没意识到这些。失利并没有让他消沉，反而激发了斗志。他的训练更为刻苦，再不像以前那样要教练逼着。半年后，他的成绩取得实质性突破，在高手云集的跑道上，他总能冲进前三名甚至夺得冠军。

有人认为，运动员是讲究状态的，状态不佳时很难取得好成绩，他也没能走出这个怪圈。忽上忽下的成绩，让教练颇为担忧。

教练问，为什么成绩下降得这么厉害？他回答，这段时间状态一直不好。教练再问，你说说什么是状态？他回答，身体处于恢复和调整期时，往往状态不好。教练追问，这我比你懂，我问你是什么原因造成的状态不佳？他回答，大概是比赛参加得太密，没时间恢复。教练说，平时的训练量远远超过比赛时的运动量，为何没有不在状态的感觉呢？那是因为没有压力，整个身体都放开了，以后记住，心理素质比什么都重要。

他理解了教练的话，自信加上旺盛的斗志才能让自己保持良好的状态。身体疲劳，更多来自不佳的精神状态，只有调整好心理，才能保持竞技状态。他遵循了这一“定律”，成绩接连突破，并在奥运选拔赛中一举夺魁。更大的惊喜还在后头，奥运会，他一举成名，连拿 100 米、200 米、跳远和 4X100 米接力四枚金牌。后来他又参加了两届奥运会，再夺五金。三届奥运会，九块金牌，应该说是一个奇迹。这个奇迹的创造者，就是美国历史上最伟大的短跑健将卡尔·刘易斯。

现今的网络时代，人们时常会提起“在线”这个词，“在线”令网民们感受到了亲切、温暖，甚至力量。如果良好的心态不“在线”，那么成功的状态也同样会不“在线”！心态决定状态，用身体对抗的运动员大都信奉这一点，工作或者学习在其他领域的人也应当以此为信条。不要过多强调状态欠佳，其实所谓“状态”更多取决于人的心态，良好的心态常常能让自己精力旺盛、斗志昂扬。

迈出一步并不需要多大的勇气

◎崔修建

海曼斯49岁那年秋天，在一次交通事故中，他失去了左腿，一只眼睛也几乎失明，并因此失去了一份不错的工作。

经历了短暂的伤感后，海曼斯决定重新设计一下自己未来的生活。他首先想到的是写作。尽管谈不上有任何的文学天赋和基本功底，此前也几乎没认真读过几部文学作品，更从未写过任何与文学有关的东西，但他还是满怀激情地拿起笔来，开始涉足一个陌生的领域。

最初的两年间，海曼斯在收到了超过700封的退稿信后，才在一家发行量非常小的刊物上发表了一篇不足千字的小小说。就是这一小小的成功，却给了他极大的鼓舞，让他继续笔耕不辍，终于在文学上赢得了世人瞩目的成就——在他二十多年的文学创作中，他先后出版了28部作品，并数十次获得各类文学大奖。

在海曼斯60岁生日那天，他挪动重新安装的假肢，站到墙上的一幅世界地图前面。突然，一个强烈的愿望在他心里升腾起来——他要从60岁这一年开始，以伤残之躯徒步周游世界。

毫无疑问，他的这一极具冒险性的想法，受到了来自亲人和朋友们的一致反对。但决心已定的海曼斯还是做了简单的准备后，毅然踏上了艰难与危险相伴的漫漫征途。

在一路风霜雪雨的艰苦跋涉后，他的足迹遍及了整个美洲大陆，并在1952年踏上了欧洲的土地。在瑞士，他结识了一位著名的登山家，向其虚心求教了许多有关登山的知识。然后，他兴致勃勃地开始了又一个人生的挑战——攀登几座世界著名的山峰。

1956年，在他69岁那年，他竟然拖着一条假肢，令人不可思议地独自登上了非洲终年积雪的最高峰——乞力马扎罗山的顶峰。当时欧美的许多报刊在报道他的这一壮举时，都不约而同地称他是“又一个海明威似的美国英雄”。

环球跋涉归来，《纽约时报》的一位著名记者追问年近八旬的海曼斯如何创造了一连串奇迹。老人满面微笑，平静地说出了一句耐人寻味的至理名言：“其实，就像平常走路一样，迈出一步并不需要多大的勇气，只要懂得一步接一步地往前迈，谁都会遇到成功的。”

没错，遥遥的征程和高高的峰巅，常常会让我们不由自主地停下向前的步履。但如果能够把远方和巅峰藏在心底，把目光盯住脚下的“这一步”，许多事情就会立刻变得容易起来。因为，对于绝大多数人来说，像平时走路一样轻轻松松地迈出一步，并不是多么艰难的事，并不需要付出多大的勇气和努力……

再次阅读这位美国著名作家、旅游探险家海曼斯精彩的人生片段，不禁感慨——原来，要取得那令人仰慕的成功，仅仅需要无所畏惧、无所顾忌地迈出眼前的这一步，仅仅需要把那些简单的“一步”又“一步”不断地累加起来……

心灵的站立

◎卫宣利

小院里有棵葡萄树，是父亲在我双腿瘫痪后的第二年栽下的。栽树的时候，父亲把我推到院子里，一边挖坑，一边告诉我，葡萄树是有灵性的，种的时候许个愿，如果树长得旺盛愿望就能实现。父亲说："许个愿吧！"就这样，我们父女俩把美好质朴的心愿寄托在了小小的葡萄树上——希望我能够尽快好起来。

父亲伺弄葡萄树的精心和殷勤一如照顾他有病的女儿：浇水要用刚从井里打上来的水，施肥要用还散发着青草味儿的牛羊粪，松土要用手把土细细碾碎……父亲每天早上都要把我推到葡萄树前，仔细地看上一阵。葡萄树每长出一片新叶，父亲都兴奋得像个孩子，还信誓旦旦地对我说："等到能在葡萄树下乘凉的时候，你就好了。"

葡萄树长大了，正如父亲所期望的那样，枝繁叶茂。父亲用粗铁丝和钢筋精心地给葡萄树搭了架子。第二年，长长的藤蔓就爬满了半个院子，碧绿的叶子在小院的上空舒展着，生机勃勃！

然而，我，依然坐在轮椅上。

其实父亲心里也明白，他的女儿再也不能像只蝴蝶一样在他身边欢快地跑、开心地跳了，可他依然痴望着、幻想着有一天能出现奇迹……

那年，郁闷孤苦的我拿起了笔。

葡萄树在种下的第三年结了果。连父亲也未料到，他栽下的葡萄树竟是优质品种，不但个儿大味儿甜，而且熟得早。夏日里，那些成熟了的葡萄一串串挂在小院里，颗颗晶莹剔透，硕大滚圆，好看又诱人。

从此父亲又多了一项任务。炎热的午后，他总会踩上凳子，摘两串紫珍珠般晶莹的葡萄，用清凉的井水洗了，端到我的桌上，对我说："累了就歇歇，吃点葡萄，解暑。"我便停了手中的笔，津津有味地吃葡萄。葡萄被井水洗过，凉凉的，又酸又甜，真好吃！葡萄汁顺着下巴流下来，我也全然不顾。父亲看我贪婪的样子，一脸满足地笑了。有时候他怕影响我，就悄悄进来放下葡萄，又悄悄地出去。每次吃葡萄，父亲总是不肯吃。他有一个堂皇的理由：怕酸。我拣了最紫的葡萄，送到他嘴边，强迫他吃，他拗不过，只好吃两颗，却立即做出酸得不可忍受的样子，然后绝不再吃。父亲有高血压，为了控制血压，每天都要喝几口陈醋，别说那已经熟透的葡萄，根本就没有一丝酸味，就是真的酸还能酸过醋？我知道，他是舍不得啊！

几年过去了，葡萄树越来越旺盛，一到夏天，它厚厚的绿荫就遮满了小院。父亲坐在葡萄树下，戴着老花镜读我发表在报刊上的文章，眼角眉梢挂满了笑意。我和父亲都已经接受了我不能走路的现实，当初许的愿我们也已经淡忘了。然而，父亲却让我明白了：有一种站立更能成就至高无上的尊严，那就是心灵的站立！

尽力而为还不够

◎蒋光宇

在美国西雅图的一所著名教堂里，有一位德高望重的牧师——戴尔·泰勒。有一天，他向教会学校一个班的学生们讲了下面这个故事：

有一年冬天，猎人带着猎狗去打猎。猎人一枪击中了一只兔子的后腿，受伤的兔子拼命地逃生，猎狗在其后穷追不舍。可是追了一阵子，兔子跑得越来越远了。猎狗知道实在追不上了，只好悻悻地回到猎人身边。猎人气急败坏地说："你真没用，连一只受伤的兔子都追不到！"

猎狗听了很不服气地辩解道："我已经尽力而为了呀！"

兔子带着枪伤成功地逃生回家后，兄弟们都围过来惊讶地问它："那只猎狗很凶呀，你又带了伤，是怎么甩掉它的呢？"

兔子说："它是尽力而为，我是竭尽全力呀！它没追上我，最多挨一顿骂；而我若不竭尽全力地跑，可就没命了呀！"

泰勒牧师讲完故事之后，又向全班学生郑重其事地承诺：谁要是能背出《圣经・马太福音》中第五章到第七章的全部内容，他就邀请谁去西雅图的"太空针"高塔餐厅参加免费聚餐会。

《圣经・马太福音》中第五章到第七章的全部内容有几万字，而且不押韵，要背诵下来无疑有相当大的难度。尽管参加免费聚餐会是许多学生梦寐以求的事情，但是几乎所有的人都浅尝辄止，望而却步了。

几天后，班上一个11岁的男孩胸有成竹地站在泰勒牧师的面前，从头到尾按要求背了下来，竟然一字不落，没出一点儿差错，到了最后，简直成了声情并茂的朗诵。

泰勒牧师比别人更清楚，就是在成年的信徒中，能背诵这些篇幅的人也是罕见的，何况是一个孩子。泰勒牧师在赞叹男孩那惊人记忆力的同时，不禁好奇地问："你为什么能背下这么长的文字呢？"

男孩不假思索地回答道："我竭尽全力。"

16年后，那个男孩成了世界著名软件公司的老板。他就是比尔・盖茨。

成功的边缘

◎李雪峰

一艘轮船在海上不幸遇难，有一个乘客十分幸运地在沉船之前抱住了一根木头。船沉后，他死死地抱着那根木头，在茫茫大海上随波逐流。最后，在涨潮时，他又幸运地漂到一个树木葱茏的小岛上。

到岛上后，他立刻把小岛走了一遍，找到了一眼清爽甘甜的泉水，又幸运地找到了一些蘑菇和野果。他把所有能吃的食物全部采撷过来，这些食物足够他吃一个月。

他很为自己庆幸，大吃了一顿后，又马上动手用木头搭了一个小木屋，供自己栖身和储放食物。然后，他就不慌不忙地坐在岛上等待那些过往的船只。但令他失望的是，五六天过去了，他连一艘船的影子都没有看到，陪伴他的，只是呼啸的海风和一群群唧唧喳喳的海鸟。

有一天上午，下起了瓢泼大雨，海面上乌云翻滚、雷鸣电闪，他冒雨赶到小岛另一侧的悬崖去张望船只。天近中午时，只听一声惊天动地的响雷，把整个小岛都震得石破天惊。忽然，他看见远在小岛另一侧的小木屋上空升腾起了滚滚浓烟。他大惊失色，急忙爬下山崖跌跌撞撞赶到自己的小木屋前，发现一切都已经晚了，他的小木屋已被雷电击中，几乎全部化为灰烬了。

他十分难过。自己遭遇沉船，好不容易抱住一根木头死里逃生到这个荒岛上，栖身和储放食物的木屋却又被烧成了灰烬，这难道不是上帝的意思吗？既然上帝不允许自己活下去了，自己怎么苦苦挣扎都只能是枉费心机。他找来一块白色的花岗石块，在海边的岩石上刻写下自己的遭遇和不幸，然后找一根藤条在树上吊死了。

傍晚的时候，一艘轮船从这里经过，船上的水手们看到这座荒岛有一柱浓烟，于是马上将船驶向荒岛。但令他们遗憾的是，荒岛上的那个人已经上吊死了。大家看了他留在岩石上的那些遗言，禁不住个个扼腕叹息说：“如果他能再坚持半个钟头，只再坚持一点点，那么他就可以乘我们的船回家了。”

是的，许多关键的时候，也恰恰是需要我们再咬牙坚持一点点的时候。你再坚持这一点点，你就成功了；你放弃了这一点点，你就可能功亏一篑了。就像黎明前的夜色是最黑的一样，在成功的边缘，在成功即将到来时，也往往是我们心灵最困难最吃力的时刻，这时，我们最要告诉自己的就是：再坚持一点点。

试一试的魅力

◎李丹崖

1907 年的冬天，美国密苏里州的一个小镇上突然来了一个杂技团。这对于渴望欣赏娱乐节目的小镇居民来说，无疑是天大的喜事。因为，当时电视机还没有诞生，并没有其他的娱乐活动。所以，来了一个杂技团，就比过圣诞节还热闹。于是，一大早，小镇居民都拖家带口地守候在大街上，等着杂技团从自己的身边走过。

杂技团演员的表演真是太精彩了，所到之处，观众的喝彩声经久不息。即使是杂技团已经从他们的身边走过，这些居民也会久久地伫立在那里不舍得离开。

但是，美中不足的事情很快发生了，由于疲惫和感冒，乐队的小号手在半途突然晕倒了。缺少了小号，整个杂技团的表演也就没有了生气，乐队一下子陷入了尴尬无比的境地。一时间，乐队指挥也急得手足无措。为了让整个演出能够顺利进行，乐队指挥就在现场征集会吹小号的人。但是，几分钟过去了，都没有人敢接这个重担。

眼看着整个演出就要中途夭折的时候，人群中突然冒出一个声音："我会吹！"

大家齐刷刷地循声望去，原来应征者是一个五六岁的男孩子。乐队指挥像大家一样，惊异地打量着这样一个男孩，他身材矮小瘦弱，难道他真能吹小号？但是，眼下没有办法的办法也只有这样。

男孩迅速加入到乐队的行列。他用力地吹响了小号，整个杂技团也在乐队的鼓舞下向前开去。哪知道，刚刚行进不到两个街巷，就有两个老太太晕倒！因为，男孩压根儿就不会吹奏小号，他努力使小号发出的只是刺耳的噪音。

乐队指挥看到这番情形，一把把男孩从车上拉下来，怒喝道："你不是口口声声说自己会吹小号吗？为什么要骗我？"

这时候，在场的观众都以为这个逞能的男孩要吃大亏了，都等着看男孩怎么解决。不料，男孩却不紧不慢地说道："可是先生，我如果不试一试的话，怎么能知道自己不会吹呢？"

乐队指挥霎时间也被这个"无理取闹"的孩子反问得哑口无言。

后来这个男孩本着任何事情都要试一试的信条，通过努力终于取得了成功。只不过，他吹响的不是小号，而是命运的凯歌。男孩的名字叫沃尔特·迪士尼——世界最知名的动画王国的创始人！

这就是试一试的魅力。试想，生而为人，如果连试一试的勇气都没有，又怎么可能拥有属于自己的成功呢？

一个连试吹一只小号都不敢的人，永远也不可能奏响自己生命的主旋律！

试一试，成功就在正前方！

每个人都有最美的姿势

他看到她将自己收拾得干干净净，特别是她的胸前，竟然还戴了一串金光闪闪的项链。她似乎看出了他眼中的惊讶，笑着对他说了项链的秘密。

一棵草能站多高

◎包利民

我有一个朋友，大学毕业后便去深圳闯世界，在那个充满梦想与挑战的地方艰难地打拼着，一度被失败击碎了心中的希望。在去年的同学聚会上，我们发现他已经重新振作起来，事业上也小有成就。

他告诉我们，在那些年里，他怀揣着梦想在生活的最底层挣扎着。而且，他发现，在深圳像他这样的人不计其数。他频繁地更换着工作，一次次地炒老板，也一次次地被老板炒。行走在人群中，他觉得自己就像一棵再平凡不过的小草，有时他会怀疑自己根本不可能长成一棵参天大树。身边有太多的人在心中的梦想一次次破碎后，便卷起铺盖返回家乡了，有一阵子他也想放弃，回到家乡的小城平平凡凡地过一辈子。

有一次，他和老板出差，那时他已经做好回家的决定，准备完成这次任务后就辞职。生意谈得很顺利，老板兴致很高，说在这里好好玩儿几天再回去。郊外有一座高山，是当地著名的旅游景点，于是老板带他去爬山。当时正是初夏，大地上的碧草随风起伏。他看见这些草不禁联想到自己，看来自己注定要做一辈子长不高的小草了。于是他轻轻地叹了口气。

山越爬越陡，越向上越荒凉。到了山顶，居然连一棵树都没有了。老板站在山顶举目四望，颇有君临天下之势。他看呆了，觉得如果自己是一棵草，老板就是一棵巨树。忽然，老板俯下身去，仔细地看着什么。他过去一看，那是一棵小草，在这光秃秃的山顶，居然有一棵小草！老板转过头对他说："你看，在这全是岩石的山顶，小草也能生长。它现在不是比山下那些树都高吗？这草虽然小，可是在那些大树无法生长的地方，能笑对蓝天的，只有这小草！"说完，他意味深长地拍了拍朋友的肩膀。回去的途中，朋友一直沉默着。

返回深圳后，他撕碎了写好的辞职信，全身心地投入到工作中去。两年后，他注册了自己的公司，事业蒸蒸日上。因为他心中有了个信念：上天注定自己是一棵长高的草，那就要生长在最高的地方！

一个人平凡并不可怕，可怕的是甘愿在平凡中落地生根过此一生。那些事业辉煌的人和我们同样平凡，只是他们找到了最好的人生位置。我们只有努力登高，才能在人生的制高点上绽放光彩！

成功的距离

◎崔鹤同

你知道第一部电话机是谁发明的吗？不错，是英国的科学家贝尔。

当贝尔宣布他发明了世界上第一部电话机时，轰动了当时的整个科学界。不料，就在贝尔申请这项发明专利后，科学家莱斯却向美国最高法院对贝尔提出控诉，声称电话机的发明权应该归他所有。

事关一项重大发明的发明权和当事人的名誉权，法院不得不进行认真严肃的调查，并请有关科学家对贝尔和莱斯各自的申诉进行鉴定。

调查和鉴定结果证明，在贝尔之前，莱斯确实已研制成功一种利用电流进行传声的装置，这种装置能把声音传到 1000 米以外。但是这个装置仅能单向传送，不能双方互相交流。对此，莱斯确认不讳。于是：法院和科学家都断定，这种装置还不能被称为电话机。

贝尔面对法院和科学家调查组也直言不讳，说他曾借助过莱斯的实验。但他比莱斯更加细心，他发现了莱斯装置的不足。他将莱斯装置所用的间歇电流改变为连续的直流电，这就解决了话声短促多变的问题。然后，他又将莱斯装置上的一颗螺丝往里拧了半圈，仅仅5丝米，于是声音就能互相传递了。仅仅这5丝米，就使电话机诞生了，这个结果使莱斯瞠目结舌，也使科学家震惊万分。但是，事实就是如此。

法院最后判决莱斯败诉，电话的发明权归贝尔。贝尔感到他利用了莱斯的实验，同意发明专利为他和莱斯共有。莱斯感慨地说:“我在离成功5丝米的地方失败了，我将终生记住这个教训。”他坚决拒绝与贝尔共享专利。

我们为贝尔的多一点耐心，多一份坚持，多一份认真，多一份努力，最终获得成功庆幸;也为莱斯的少了一点耐心，少了一份坚持，少了一份认真，少了一份努力，最终半途而废，与成功失之交臂而深感遗憾。是的，差之毫厘，失之千里。有时失败与成功的距离仅在咫尺之间乃至毫厘之间。在探索的征途上，往往再多加一把劲，再多走一步路，就能“会当凌绝顶，一览众山小”。

奇异的天才

◎鲁先圣

在这个世界上，有这样两个奇异的天才。如果他们生活在我们中间的话，不要说成为全世界杰出的人才，就是中学毕业也是可望不可及的事。他们就是全世界最著名的男高音歌唱家帕瓦罗蒂和全世界杰出的数学家埃尔米特。

曾经放歌紫禁城的意大利歌唱家帕瓦罗蒂，号称“高音 C 之王”和“世界首席男高音”。帕瓦罗蒂青年时代曾受教于 A · 波拉等名师，曾在雷基渥 · 埃未利亚国际声乐比赛中获奖，因在歌剧《艺术家生涯》中扮演鲁道夫而一举成名。其后，他又成功地扮演了埃德加、曼图亚公爵等角色。全世界的专家公认，帕瓦罗蒂的嗓音丰满、充沛，带有透明感的明亮。他的高声区统一，音色宽厚，带有强烈的自然美感。

但是，令人不可思议的是，这位誉满全球的歌唱家并不识谱。他在一次演出结束后透露，他是依靠他的耳朵和他自己的符号替代音符系统来学习歌曲的。帕瓦罗蒂有一次在罗马翁布里亚区小镇卡斯泰洛举行的万国音乐节期间对记者说："是的，这是真的。我不识谱，我不是音乐家。我没有研究过专业的东西。乐谱是一回事，唱歌是另一回事。如果我记得一种音乐并且能用我的音喉把它唱出来，那就已经很好了。"

帕瓦罗蒂是在一位歌剧演员维托里奥·加斯曼说他发现这位男高音不看乐谱后作这番解释的。此前加斯曼说过，他发现他们在准备一首二重唱时帕瓦罗蒂不参照乐谱。加斯曼说："我非常震惊。我是在排练期间认识到这点的。他用耳朵掌握曲调节奏，但是没唱错一个音符。"

伴奏师莱昂内·马杰拉说，帕瓦罗蒂用他的耳朵以及用笔在乐谱上做记号，帮助他记忆曲调的升降处。不论在任何场合下歌唱，他从来没有因为不识谱而出现过任何差错。

无独有偶，世界上还有一位伟大的数学家，一生中却从来不会考数学。他是 19 世纪人类社会最伟大的代数、几何学家，曾任法兰西学院、巴黎高等师范专科学校、巴黎大学教授。他是法兰西科学院院士，在函数论、高等代数、微分方程等方面都有重要发现。他在 1858 年利用椭圆函数首先得出五次方程的解，1873 年证明了自然对数的底 e 的超越性。在现代数学各分支中以他的姓氏命名的概念很多，如"埃尔米特二次型"、"埃尔米特算子"等。

但是，就是这样一位在数学领域卓有建树的伟大数学家，大学入学考试却考了五次，而且每一次落榜的原因都是因为数学成绩不及格。更有趣的是，好不容易考上大学以后，他每个学期的考试都不过关，因为数学这一科总是不及格，以至后来几乎毕不了业。大学毕业的时候，学校看他其他各门的成绩都不错，就网开一面，勉强允许他毕业了。但是，他大学毕业以后考不上任何研究所，因为他的数学成绩太差了！

这个人就是法国数学家埃尔米特。奇怪的是他却对于数学一往情深，数学是他一生的至爱，但是数学考试却是他一生的噩梦。

由于不会应付考试，无法继续升学，他只好找所学校做个批改学生作业的助教。这份助教工作，做了将近 25 年。在这 25 年中，他发表了代数连分数理论、函数论、方程论……此时的他已经名满天下，在数学领域的成就远超过当时所有大学的教授。直到他 49 岁时，巴黎大学才因为他已经名满天下的名气请他去担任教授。此后的 25 年，几乎整个法国的大数学家都出自他的门下。他的授课有一个奇异的现象：只有分析，没有考试。

这就是伟大的数学家埃尔米特，一个从来不会考试，但是却取得了惊人成就的人。

这样两个杰出的天才，他们超越通常的成才之路，依靠自己的天分，最终走向了成功。

让自己成为钻石

◎李雪峰

一个商人的儿子，总是跟父亲抱怨说："我一点儿也不比别人差，但为什么他们都有那么好的机遇，而我却没有呢？"

父亲叹了一口气说："你总是让自己同你的那群伙伴和朋友们一样，那怎么行呢？想让机遇来找你，你必须得比别人多点什么。"看看儿子听不明白，父亲从自己的珠宝箱里取出一颗熠熠闪光的石粒说："这是一颗钻石，也是一颗石粒，你想要它吗？"

商人的儿子两眼一亮说："我怎么会不要它呢？傻瓜才会不想要它，因为它是钻石。"商人把儿子带到一堆沙石旁，捡起一颗石粒说："这是一颗沙石，我现在把它丢进这沙石堆中，你能很快找到它吗？"商人说着，就将那颗石粒丢到了沙石堆中，并踮起脚尖轻轻地将沙石搅了搅。

商人的儿子于是蹲在那堆沙石堆上寻找那颗石粒。他捡起一个小木棍，仔细地将那堆沙石翻过来搅过去，累得额头冒汗，但找了半天，还是没有找到。商人笑笑，从口袋掏出那颗钻石说："现在，我将这颗石粒也丢到这堆沙石中，看你是否能够很快找到。”商人说着，就将那颗钻石丢到了沙石中，然后拎了把钢锹嚓嚓地将那堆沙石翻了又翻，搅了又搅。商人的儿子于是又蹲下身子，用小木棍翻着，在那堆沙石里寻找父亲丢下的钻石，不久他就高兴地找到了。商人笑着问儿子说：“那石粒你为何半天都找不到，而钻石却很快就找到了？”商人的儿子说：“普通沙石跟其他沙石没有什么不同，所以很难找到。”商人笑了，说：“你埋怨机遇总找不到你，那是因为你自己只是一颗普通的沙石。如果你是钻石，就是藏在大沙漠里，机遇也会一眼就看见你的。”

很多时候，我们也像商人的儿子一样，总是埋怨机遇不来光顾自己，而去羡慕别人的幸运。但如果我们只满足于自己是一颗普通的沙石，只是沉湎于和大多数人一样，那么机遇就是翻找半天，也不会轻易找到你的。

要让机遇一眼就看到你，你就必须让自己成为钻石。

每个人都有最美的姿势

◎张　翔

她小时候遭遇过一场车祸，颈椎受到了剧烈的撞击，致使她的脖子向右歪曲。医生尽了最大的努力，也没能完全矫正她的颈椎。于是，她便成了一个“歪脖子”姑娘。

从小学开始，她就常常被同学们取笑。一天放学后，一群同学念着“曲项向天歌”来取笑她，她为此哭了整整一个晚上。她的“歪脖子”几乎夺去了她的自尊和对美好的追求。于是，她发奋读书，因为成绩的优秀成为她唯一的骄傲。直到上大学，她从来都是同学中成绩最优秀的。

上了大学，她的“歪脖子”依然成为同学们的笑料，有人甚至叫她“小歪妞”，她的心里总是弥漫着巨大的酸楚。

她沉默了，在寝室几乎成了一个哑人；她很朴素，从来不像别的女同学那样打扮得花枝招展，因为她知道自己即使打扮得再漂亮，也难掩自己那严重的缺陷。在那美好的大学生活里，她卑微而悲哀地活着。有时候，她甚至对未来感到绝望。

她的班主任老师是一个爱好摄影的男青年，他总是向同学们展示自己的摄影作品，并努力提高那些有摄影爱好的同学的摄影水平。后来，他花了一大笔钱买了一个贵重的数码相机。于是，有一天，他对班里的同学们说："明天我们搞个小生活会，我用新相机给你们每人拍一张明星时装照好不好？"同学们顿时一阵欢呼。

第二天，生活会在一个大教室举行。每个女生都穿得很漂亮，只有她依然穿着素淡的衣服。就在那个教室小小的讲台上，每个同学站在上面大胆地摆出一个个漂亮的姿势，让老师拍照。老师拍得非常认真，对同学们的姿势，他总是细细纠正，以求达到最好。

终于，轮到了她。她慢腾腾地走上讲台，拘束地站在上面，她的心一阵慌乱和悲哀。她从小就知道，自己无论摆什么姿势都掩盖不了自己的缺陷。因此，她从小到大就没有拍过几张照片，甚至高中毕业照她都找理由推掉了，她不想让自己的样子留在同学们的相册和记忆里。

她木讷地站在讲台上，台下的同学发出细碎的笑声，气氛有些尴尬。这时，老师走上前去对她说："小袁，你觉得你最好的姿势是什么？"

她怯怯地回答道："老师，我没有什么好姿势。"

老师笑着大声说："你错了，这个世界上任何一个人都有属于自己的美丽姿势，每个人都可以为这个世界留下最美的镜头！让老师告诉你，你最美的姿势是什么……"

老师一说完，便将她的右手抓起，让她用右手手掌托住自己微偏的右腮，再让她的左手手掌托着她的右肘关节，像是在思考问题的样子。老师迅速退回到相机后面，然后对她说："看镜头！"她睁大眼睛看镜头，"咔嚓"一声，一个睿智的身影便留在了相机里。同学们鼓起掌来。老师也一边鼓掌一边问大家说："小袁的 POSE 是不是很漂亮很美啊？”

“是——”同学们异口同声地回答，掌声一片……

那是她从小到大第一次听到别人肯定她的“美丽”，而且还是整整一个班的同学，她顿时热泪盈眶，泪水顺着眼角奔流而下，一直流到她依然托着腮的掌心里……

从那以后，她就把老师给她拍的照片挂在自己的床头，每天睁开眼睛就可以看到自己优雅而睿智的样子。她忽然变得性格开朗起来，甚至还竞选上了学生会的干部，经常主持一些小会议。她也像别的女生那样将自己打扮得漂漂亮亮的，向别人展示她的美丽。在每一个不经意的时刻，她都习惯地用右手托着腮，摆出那个属于她的姿势，因为这个姿势总让她看上去优雅而睿智。

多年后，她成了一个很成功的女企业家。当她被学校请去参加校庆时，校长请她为同学们讲讲自己的成功经历。她站在讲台上，动情地说：“你们一定会很惊讶我这么一个貌不惊人的女生为什么会成为一个成功的女人，你们一定想知道是什么让我战胜各种困难而走向成功的。我要告诉大家，是我的一个老师的鼓励让我走出生活的阴影，帮我找到了自我，并鞭策着我一直向前迈进。这个老师曾细心地为我设计了一个属于我的最美的姿势，并大声地告诉我，这个世界上任何一个人都有属于自己的美丽姿势，每个人都可以为这个世界留下最美的镜头。”

无论生活中有怎样的不完美、不如意，只要你愿意，你都能以最美的姿势活着！

背负太阳的羊

◎矫友田

很多次，我的心被那些顽强不屈的生命所震撼。它们生长在雪域高原，它们的脊背距离太阳是那样近，它们有一个奇怪的名字叫“驮羊”。它们的身躯是那样弱小，时时刻刻都在迎着刺骨的寒风，奔波在苍茫的高原之上。它们显得异常渺小，甚至会让人误以为它们的生命弱不禁风。然而，就是那些弱小的生灵，用瘦弱的脊背驮着二三十斤盐巴，这个重量比它们体重的一半还多！它们一路风餐露宿、长途跋涉，往返上千千米，驮回生命的希望。

千百年来，它们用坚强的脊背和永不退缩的足印，在雪域高原上书写下一个又一个不朽的传奇。驮羊从降生的那一天便注定了一生与驮袋相伴。当遥远的异乡庄稼熟透的时候，驮羊便再一次开始踏上它们生命中险恶的征途。商客们赶着羊群来到盐湖边，他们要将那些盐巴驮运到遥远的异乡，然后换回维持生命的粮食。驮羊队少则四五百只，多则数千只。当驮羊们背负着沉重的盐巴，毫无畏惧地走向前方的时候，又一段被血水浸染的传奇开始了。

饿了，它们就刨开足下的石砾，嚼食枯草；渴了，它们就舔舐路边的积雪。所有的一切，驮羊们都能够坦然面对，因为它们早已适应了恶劣的环境。

在艰难的征途上，它们最大的危险是疾病，还有突然袭来的暴风雪或泥石流。即使遭遇到这些危险，它们也不会停下前行的步伐。它们明白，只要还有一口气，就要向前走下去。如果倒下，也要像路旁的那一架架白骨一样，给后来的伙伴们壮行。它们的队伍越走越少，它们的身体也越来越羸弱，然而，它们仍会毫不气馁地朝下一个目标走去。

驮袋磨破了它们的肌肤，盐渍将它们的肌肤和驮袋融为一体。当它们历尽千辛万苦到达终点后，又要面对悲壮的一劫。当驮袋从它们脊背上卸下来的时候，有些驮羊的肌肤顺势被撕扯开来，空气直接灌入它们的胸腔，瞬间倒地。白的雪，红的血，这就是驮羊眼里的世界。年复一年，它们用坚强的四蹄叩击着空旷的高原，叩击着每一个曾经接近过它们的生灵。

在各自不同的人生道路上，我们其实都是一只驮羊，背负着不同的责任和希望，在人生的道路上不懈地跋涉。无论脚底下的道路多么艰难，前方的道路多么凶险，为了实现心中的理想，就要像那些在高原上勇敢前行的驮羊一样，坚定无畏地走下去。而希望的太阳，就会一直在我们的脊背上空闪耀！

镀着阳光的“金项链”

◎朱成玉

114

那是一张永远无法定格在胶卷上的脸，那是裱在摄影家心底的一张照片。

那是一群贫苦交加的人们对美好生活的渴望。

因为我的摄影家朋友略懂一些非洲语言，所以争取到了随同新华社记者去索马里难民营采访的机会。他一直有那样一个愿望，要用相机记录下难民们水深火热的日子，唤醒全世界的善良来拯救这样一群在死亡边缘挣扎的人们，他们有黑色的皮肤，有褴褛的衣衫，有在贫苦中依然闪亮的眼睛……

那是一个怎样的居住地啊，像城市里某个垃圾处理场，臭气熏天，尘土飞扬。

在那里，他摸到了儿童们瘦如鸡爪的手，听到了老人们临终时的哀号和呻吟，看到了妇女们惊恐的眼神……这些都在他的心底烙下了深深的印记。那里的每一个人，随时都有可能死去。一粒药片比一粒金子更珍贵，一次小小的感冒引发的高烧就会将人推下生命的悬崖。

但让他无比惊讶的是，在他给他们照相的时候，不论男人还是女人，都纷纷去洗脸梳头，把自己收拾得干干净净的，似乎要赶赴一个节日一样。他想，再贫苦的人，对生活也是充满向往的。

其实，他们是在为自己守着那最后一点尊严，让全世界都尊重的、非洲的心。

摄影家朋友倾其所有，为他们照满了口袋里所有的胶卷。就在他要离开的时候，一个小姑娘跑过来拽住了他的胳膊，央求他为她照张相。他看到她将自己收拾得干干净净，特别是她的胸前，竟然还戴了一串金光闪闪的项链。她似乎看出了他眼中的惊讶，笑着对他说了项链的秘密。原来那是她用泥巴搓出来的一个个泥球，然后用花粉涂在外面，串成了项链。

就为了做这个“项链”，她才耽搁了照相。

他拿着相机的手在颤动，他不能告诉她相机里已经没有胶卷了，他不能让这朵开在人世间苦难之地的花在瞬息之间凋谢，那是一颗真诚地热爱着生活的心啊。

她对着他的镜头绽放着灿烂的笑。他也不停地摁着谎言的快门，用一个个闪光灯骗过了她的期待。非洲女孩黑黑的脸和灿烂的笑，在那一刻永远定格在了摄影家的灵魂里，再也抹不掉。

回到大使馆后，摄影家朋友想尽办法向工作人员要了几个胶卷，之后，迫不及待地要求再回难民营一趟，他想为那个女孩补拍几张照片。就这样，他为此事前后辗转约 20 天。他哪里知道，这短短的 20 天，一个满怀期待的生命已经走到了尽头。

她纤细的生命一直在飘飘荡荡，一次普通的感冒，就让她永远地睡着了。

躺在母亲的怀里的小女孩，已经离开了苦难的人世。她胸前的那串项链依然镀着阳光的色彩，刺得人的眼睛有种无法回避的疼痛。

那位母亲说，这 20 天是孩子最快乐的日子，她每天都在盼望着能看到她的照片，看到自己在灿烂的阳光下，像花一样绽放。

那位母亲说，她临终前的最后一句话还在问：中国叔叔来了吗?

这就是生命。在那贫苦的地方，一个苦难的灵魂涂抹上阳光的色彩，变成珍珠，串成了美丽的项链……

对美的向往之心，让这个世界重新看到了希望。

尽可能丰富人生

◎吕 麦

在 1987 年第 23 届洛杉矶奥运会上，中国体操运动员李宁，一人夺得了男子体操的三枚金牌、两枚银牌和一枚铜牌，创造了世界体坛的盛世神话。而这位被称为"体操王子”的金牌运动员，在创造了世界体操史上的神话之后，又创造了中国品牌的神话。

1989 年，退役后的李宁没有躺在“功劳簿”上，停下自己人生前行的脚步，他加盟广东健力宝集团，创立了李宁体育用品品牌，并以赞助 1990 年亚运会中国代表团为契机，开始了独立经营业务，从而开创了中国体育用品品牌经营的先河。

2008 年 7 月 8 日，北京承办第 29 届奥运会。李宁被国家体育总局提名为点燃奥运圣火的候选人之一。当他和许海峰第一次到鸟巢，观看年轻的高空演员在空中做示范动作时，头都晕了。可不是吗？当今世界顶尖级“空中飞人”成龙，不止一次说：“吊着拍戏，好比被施酷刑。即使拿出吃奶的力气，身体没有着力点，根本使不上劲。”

第二天，李宁就被设计这项“空中走”的陈导给吊了起来，从地上到天上、从天上到地上开始了异常艰苦的练习。张艺谋导演说：“李宁特别地努力。”李宁认为，尽管自己以前曾是一名优秀的运动员，有着非常好的身体基础，可毕竟那是二十年前的事了，自己必须全力以赴地练习，练习到最好为止。

每天凌晨一两点钟，李宁风雨无阻地来到鸟巢秘密训练。虽然在空中练习的时间只有区区三分钟，可高强度、高消耗、高要求的动作，让人到中年的李宁常常在两分钟后备感煎熬，身体疼痛难忍，后背僵硬，乃至完全麻木。吊在钢轨上的李宁，被“摧残”得犹如秋风中一片摇摇欲坠的枯萎的树叶，气喘吁吁、大汗淋漓……所有工作人员都看得出，李宁是个极认真的人。一如他当年练习体操、开创事业一样，“做一件事，就要做到底，做好为止”。经过近一个月的训练，2008 年 8 月 2 日，倒数第二次带装彩排的那一天，李宁在高空已经能够完整地完成任务了。

2008 年 8 月 8 日晚，“第 21880 支祥云火炬的点燃，照亮了最后一位火炬手的面庞，体操运动员李宁高举火炬，踏上北京奥运火炬传递的最后一程荣耀之旅。”鸟巢上空，轻缓悠扬的音乐水一样铺泻流淌，一轮皎洁璀璨的明月冉冉升起，载着天使般圣洁的李宁，擎着从太阳上取来的圣火火种，脚踏朵朵祥云，以更快、更强、更高的优美姿势，大踏步飞奔、飞奔……在全世界几十亿双眼睛的聚焦下，在中国 13 亿同胞的激悦欢呼中，一朵举世无双、美轮美奂的盛世“祥云”绽放在北京的夜空……

李宁再一次点燃了一个“神话”，他大踏步飞奔的身姿再一次定格在历史的记忆中，成为永恒。

尽可能丰富人生，是智者人生的一种！人生，如白驹过隙一样短暂。曾经的荣耀和辉煌，随着生命的流逝，在拥有和失去之间，不经意地流逝。每天每天，看似都在失去，但在失去的同时，其实也在得到。如果失去太阳，还有星光的照耀；失去金钱，还会得到友情。当某一天，生命也离去的时候，却给历史留下了永久灿烂的美好记忆与坚实的足迹。

不能放弃的机会

◎沈岳明

吉拉德 13 岁那年，就在学校决定放寒假的最后一天，他们的班主任弗朗西斯小姐说："这是今年的最后一课，不如大家来开个联欢会吧。"

接着，弗朗西斯小姐宣布，每个人都要唱一首歌或者表演一个节目。弗朗西斯小姐的话音刚落，坐在角落里的吉拉德便紧张得喘不过气来了，一向胆小内向的他从来没有在众人面前说过话。

弗朗西斯小姐说："谁第一个来为大家表演节目？"见没有人吭声，弗朗西斯小姐只得点名了。当弗朗西斯小姐的目光扫到吉拉德的时候，他不由自主地低下了头。最后，弗朗西斯小姐点了安东尼的名字。安东尼站起来唱了一首歌。

吉拉德默默地在心里跟唱着。吉拉德想，如果弗朗西斯小姐下次喊到他，他就唱一首歌，那首名叫《上帝之手》的歌他唱得很好。

可是，令吉拉德没想到的是，这次还没等老师点名，坐在他旁边的布赖恩便站了起来，大声说："老师，我来唱一首，歌名叫《上帝之手》。"说完就开始唱了起来……

吉拉德真后悔，自己怎么就没有抢先站起来唱这首歌呢？在大家热烈的掌声中，一位叫露西娅的女生站了起来。她说："老师，我不会唱歌，不如我就念一句台词吧。"露西娅念的是当时热播影片里的一句经典台词。

吉拉德想，我怎么就没想到念一句台词呢？于是，他决定，下次他一定会为大家念一句台词。就在他正思考着念哪句台词的时候，阿德里站了起来。他说："老师，我既不会唱歌也不会念台词，我就给大家讲一个小笑话吧。"

阿德里的笑话讲完了，全班同学都在大笑，吉拉德却将头埋得低低的，他怎么就没想到讲一个笑话呢？其实，他最喜欢的就是讲笑话，并且很多笑话他都能流利地讲出来。

就在吉拉德决定勇敢地站起来，也给大家讲一个笑话的时候，弗朗西斯小姐宣布："今天的节目就到此为止，下课吧！"这件事，让吉拉德失落了好长一段时间，同时，也让他深深地明白了一个道理：机会来了，如果你没能好好地把握，一眨眼便会被别人抢去。

后来，吉拉德成了全球最受欢迎的演讲大师，来自世界各地数以百万的人们被他的演讲所感动，被他的事迹所激励。

路，在没路的地方

◎李雪峰

有个喜爱摄影的朋友，他镜头下的摄影作品总是那么与众不同，他的视角总是那么令人击节称奇。面对他的一摞摞获奖证书和一座座艺术摄影大赛的奖杯，作为他的朋友，我们羡慕地说："你相机好，运气也好，所以你的摄影作品好。"他听了，先是一愣，然后哈哈大笑："拍摄作品，跟运气有什么关系呢？好吧，下次外出拍摄，我带你们一块去。"

不久，我们果然就有了一次共同外出游历的机会。在那里，我们一群人生怕错过了每一个风景点，七嘴八舌地纷纷向导游小姐问这问那。但那位搞摄影的朋友却对这一切漠不关心，只是和一群坐在景区山脚下的本地山民套近乎，和他们兴致勃勃地谈笑，对着巍峨起伏的大山指指点点。当我们前呼后拥地跟着导游小姐就要登山时，他笑着跑过来了，高兴地举着一张画满点点线线的纸说："想拍摄最美照片的可以跟我走！"

我们都诧异地说："怎么能跟你走？那些最美的地方不是一

个一个的风景点吗？不去风景点，哪里才能拍摄到最美的风光照片呢？”

他笑了说：“大家都去的地方，哪能拍出与众不同的照片呢？最好的风景，就在那些人迹罕至处啊！”有人低声嘀咕着问他：“你要去的地方有路吗？”

“路？”他朗声大笑说，“有路的地方我从来不去。”

“你要去的地方危险吗？”又有人嘀咕着问他说。他笑了说：“当然危险了，不危险怎么能有出人意料的风景呢？”大家都不说话了，只是静静地望着他。他仿佛突然想起一件什么事情来，迈步走到我的前面，然后把挂在他脖子上的数码相机取下来挂到我的脖子上，把我那台老掉牙的相机挂到自己的胸前，挥了挥手说：“朋友们，看我们谁能拍摄到最美的作品来。”然后就一个人离开我们走了。

两天后，在景区山脚下的宾馆里，当每个人都亮出自己的摄影作品时，我们都被他作品中那种峻奇、壮美和恢弘惊呆了，连这个景区的导游和经理都难以置信：自己的景区难道还有如此秀美的风光？

在大家的一片惊奇和啧啧称赞声中，朋友轻描淡写地说：“熟悉的地方没景色；最美的风景，往往都在路远远不能抵达的地方。”

最重要的是手边的事情

威廉斯勒是一个意志很坚定的青年，他一向不崇拜大人物，更不相信所谓的名人名言，对许多问题一向有自己独到的见解。

“老鼠”也可以成为主角

◎古保祥

这是伦敦街头的一角，正是隆冬时节，一个男孩子在寒风中等待着机遇的降临。他从小酷爱舞台，曾经梦想有一天能够饰演一个主角。为此他不停地观看露天播放的电影，模仿演员们的一举一动，甚至能够熟记几部经典影片的关键对白。但苍天弄人，他从小家境贫寒，少年时父母离异，母亲早早地去世了，这一切似乎都阻止了他梦想的延续，但他的梦想却始终未曾破灭。

他总是长时间徘徊于伦敦大剧院前的街道，他曾经碰到过一个大导演，并毛遂自荐地将自己推销给人家，但人家不予理睬。

那天傍晚时分，恰巧有个送盒饭的人，想将一大堆的盒饭送到剧院里。小男孩见状急忙上前帮忙，尾随着送饭的，拐弯抹角地进了后台。那天，碰巧有个配音演员嗓子出了问题，导演急需找一位能为老鼠配音的演员来救场。他们四下里打电话到临近的剧院借人，结果都不行，他们一脸失望的样子。

小男孩突然计上心头，他当着导演的面学了声老鼠的叫声，声音惟妙惟肖。导演的眼睛猛地一亮，继而，他如抓住救星一样地拉住了小男孩的手，拿出剧本给他看。剧本要求模仿老鼠不同的声音，小男孩试着学了，效果非常好。凭着以前的揣摩和良好的功底，他很快就征服了导演和主角的心，他们很快达成一致，由他参加今晚的演出。

其实，他的角色是最不起眼的一个了，他只需要穿上老鼠模样的衣服，装模作样地卧在旁边，迎合着主角的表演。但毕竟是平生的第一次演出，他认真得不得了，其他演员都在休息，他却找个没人的角落不停地研究着。许多人从他身边经过时用一种不屑的眼神打量着他，不就是个小老鼠吗？需要这么认真吗？

演出开始了，导演为他捏了把汗，生怕他砸了场。上场前，导演猛地踹了他的屁股一下，提醒他要振作一点，一定要演成功。他摇了摇老鼠尾巴，以显示自己成竹在胸。

表演开始了，“父亲”和一家人在院子里讲故事，“父亲”开始讲圣诞节的故事：圣诞节的前夜，四周静得出奇，突然间，我听到了一只老鼠的声音。

鼠叫声响起来了，显然是一只老鼠在悄悄叙述着一个不为人知的故事。“父亲”继续他的讲述……这时，又一只老鼠的叫声传来，和原来的那只有着很大的区别，没有一丝一毫的相似，导演简直不相信这两个声音出自同一人之口。小男孩趴在地上，嘴里不停地学着各种各样的鼠叫，渐渐地，他的声音征服了在场的所有人，几乎所有的目光都转移到他的身上。最后，他同时模仿两只老鼠打架的声音，简直可以乱真。舞台下掌声雷动，他们纷纷将鲜花抛给这只可爱的小老鼠。

表演结束时，照例所有的演员都要返回舞台上谢幕。一群天真可爱的小孩子包围了他，嚷着要他签名。这个名不见经传的小男孩的故事很快传遍了千家万户，他的新闻也登上了第二天报纸的头版。

那晚，虽然他没有一句台词，却用另外一种方式征服了在场的所有人，他简直成了整出戏的主角和最大的亮点。后来，他说的一句话让所有人难忘：如果你用演主角的态度去演一只老鼠，老鼠也会成为主角。

这个年轻人，就是现在英国当红的明星——奥兰多·布鲁姆，他因在《魔戒》中的出色表现而一举成名。许多时候，命运赐予我们的只是一个小小的角色，与其怨天尤人，倒不如全力以赴。其实，再小的角色也可以成为主角，哪怕你没有一句台词。

最重要的是手边的事情

◎鲁先圣

1871 年的春天，英国蒙特瑞综合医科学校的学生威廉斯勒对人生中的许多问题很困惑，他不明白应该怎样处理远大的理想和具体的身边小事，一个人应该有怎样的做事态度才能成功。他渴望成功，但又觉得手边的小事没有什么意义。他甚至认为现在的学校生活枯燥乏味，没什么值得去用心的，因而他的成绩也每况愈下。于是，他找他的老师探讨这些困难的人生问题。他的老师推荐他阅读哲学家卡莱里写的一本哲学启蒙读物。老师说，他的书里或许有答案能帮助你解决问题。

威廉斯勒是一个意志很坚定的青年，他一向不崇拜大人物，更不相信所谓的名人名言，对许多问题一向有自己独到的见解。但既然是老师推荐，他想或许真的有用。他拿过书漫不经心地浏览起来。

突然间，书中的一句话让他眼前一亮："最重要的，就是不要去看远方模糊的事情，而要做手边最具体的事情。"他恍然大悟：

是啊，不论多么远大的理想，都需要一步步实现；不论多么浩大的工程，都需要一砖一瓦垒起来啊！

他的困惑解决了，他终于找到了人生的答案。他知道，那些远大的理想，应该让它们高悬在未来的天空里，最紧要的是把自己手边的每一件具体事情做好。

也就是从那一天开始——1871 年春天的一个下午，年轻的威廉斯勒开始埋头读书，因为他知道这是他目前最紧要的事情，他要把自己的成绩搞上去。半个学期以后，威廉斯勒就一跃成为整个学校最优秀的学生。

两年后，威廉斯勒以全校最优异的成绩毕业。毕业后来到一家医院做医生。他认真对待每一个患者，对每一次出诊都一丝不苟。兢兢业业的态度和精益求精的精神，使他很快成了当地的名医。

几年以后，他创办了约翰·霍普金斯医学院。他把自己的人生态度贯彻到学院的每一个细节里。许多专家学者慕他之名来到他的医学院工作，他的学院很快成为英国乃至世界最知名的医学院。

威廉斯勒总是告诉他身边的人：最重要的是把你手边的事情做好，这就足够了。他精心地做着自己手边的事情，不仅成为他那个时期最著名的医学家，还成为牛津大学医学院的教授，被英国国王授予了爵士爵位。

一个人应该怀有远大的理想，没有理想就会迷失方向。但是，要实现理想，就必须踏踏实实地从手边的事情做起，因为手边的每一件小事正是你理想大厦的一砖一瓦。

成功密码是 1 ： 125

◎高兴宇

塞斯是美国马萨诸塞州斯普林菲尔德市的一名出色推销员，他凭着高超的推销技巧，叩开了无数经销商壁垒森严的大门，被誉为“全球推销员”。塞斯为什么会如此成功？

某一天，塞斯路过一家商场。像往常一样，他进门后先和售货员一番寒暄。这在塞斯看来非常重要，因为通过闲聊可以了解到商场的经营状况、人员信息和发展目标，这样就可以有备无患地与商场经理洽谈。

售货员告诉塞斯，这家商场地处黄金地段，每天顾客络绎不绝，自商场开业五十多年来，从未亏损过。塞斯非常兴奋，他觉得他能把自己的产品推销给他们，因为这家商场各项条件都不错。

当塞斯见到商场经理路易斯，向其说明来意后，路易斯一口拒绝。塞斯岂肯罢休！他动用了各种技巧试图说服路易斯，但任凭磨破嘴皮都无济于事，塞斯只好十分沮丧地离开了。

在返回的路上，塞斯想：路易斯为什么会拒绝他？自己的产品是适合他们的，路易斯没有拒绝的理由啊。刚才路易斯态度强硬，或许是他一时心情不好，或许是因为上门推销的人员太多，或许自己的话路易斯没有听进去。塞斯觉得有必要向路易斯继续推销，于是驾着车在街上溜达了几圈后便重返商场。当他走进商场经理办公室时，路易斯满脸笑意地迎上前，不等塞斯多说，路易斯立刻决定订购一批产品。

山重水复疑无路，柳暗花明又一村。这喜讯来得太突然了。塞斯问路易斯为什么现在同意而一小时之前拒绝呢？路易斯笑嘻嘻地道出了缘由。他告诉塞斯，由于商场生意红火，前来推销的人员很多，并且每个人都说得冠冕堂皇。对待这些推销人员，路易斯就是一句简单的拒绝之语。说完这些，路易斯数了数桌上各个推销员送来的名片，然后笑容满面地说："加上你的名片，一共 126 张，这就是今年以来向我推销的人数。"

塞斯也笑了。他再三感谢，打算起身告辞时，路易斯说："忘了告诉你，这 126 人当中，只有你一人在被拒绝后又重新回到商场来。或许你的坚持感染了我，但我断定，你推销的产品肯定是物美价廉、产销对路的，要不然你没有返回继续推销的勇气。"

在 126 人中，125 位放弃，1 位返回继续推销。这个或许就是塞斯成功的密码。

自己的路更好走

◎吕　麦

2007年，刘小东的油画《三峡移民》拍出了2200万的天价。一夜之间，他成为中国油画界最炙手可热的新锐画家。

对于自己的成功，刘小东说："画画和生命过程一样是个'熬'字，不用着急，慢慢来，坚持走自己的路，不停地画，一切都会自然而来。"

刘小东出生在辽宁盘锦的一个小镇上，父母都是普通工人。四年级的美术课上，他的同桌在小小的图画本上满满当当地画了一朵鲜艳的大葵花，而他只画了一朵黑黢黢、瘦小小的小葵花。老师表扬了他的同桌。他心里不服气，从此就和画画较上了劲儿。这一较劲儿，就把自己"较"到了文化艺术气息浓郁的京城。

1980年，他成为中央美术学院附中恢复招生后的第二届学生。同学中，有的抱个吉他玩音乐，有的读著名的黑格尔，有的听列侬的披头士，而他除了会几招武术和素描，是个啥都不懂的"土包子"。他深知：必须靠自己的努力，才能融入到自己追求的生活中去。

于是，他和朋友站在墙角下，和朋友在树林里奔跑、散步，和朋友在小河边划船、休憩的情景，都一一“记录”在他的画布上。

1989年的“中国现代艺术大展”，刚从中央美院毕业的刘小东送去三幅画，被选上两幅。这是他第一次参加全国性的大展。可热闹中，却根本没有人看他的画。他自己跑去“孤芳自赏”了很长时间，阿Q似地说：“画得太好了，回去继续画。”

1990年5月，被誉为20世纪80年代中国最具才华的油画家陈丹青，无意间在美国纽约的中国书店里，看到一期《美术》杂志的扉页上刊载的刘小东和朋友站在墙角的那幅油画。当时，他根本不知道刘小东是谁，但他眼前陡然一亮，心里猛然一动，一下子就觉得：中国可能出了一个天才。晚上回家，他迫不及待地给刘小东写了一封信：“我只是急着想告诉你，就这样画下去，已经非常好，再画得更好。你是一个真正的画家，我想你自己一定知道！”

刘小东收到这封信的时候，正在为举办个人画展四处筹措资金。陈老师的赏识和鼓励，让他如沐春风，给了他更大的勇气和信心。

两天后，他的第一次个人画展在中央美院画廊开幕了。在展览现场，刘小东不仅看到了自己的老师、同学和朋友，那些久闻其名的评论家和许多素不相识的观众的到场，更让他喜出望外。尤其让他意外的是，“天上掉了个大馅饼”——著名油画收藏家吴尔鹿先生从美国飞抵画展会场，购买了他的多幅作品。刘小东兴高采烈，笑得像朵花似的说：“这就像一个演员在舞台上演戏，那么多人突然鼓掌，就是一种鼓励，一种对于成功的认可。”

1993年，刘小东应伯乐陈丹青之邀，前往纽约参观了弗洛伊德个人大型美术回顾展。那一年，“土包子”大开眼界，接触了许多西方流行艺术。“他的思维、观念，依旧没有被他们牵走，依然坚持自己的风格”。只是在以后的创作上，完成了从一个关注自我到关注社会的转变。他开始站在客观的立场，尽力在画布上呈现他所看到的世界，推出一系列新作:《白胖子》、《猪》、《违章》、《笑话》、《澡堂里的男孩》等等。但无论怎么变，他所呈现出来的内容，都是“看到的生活的环境”。

“他打破了美术界长期教条的概念。”陈丹青先生如是说，“我在画西藏组画时，也曾经想走刘小东这样的路线——就是画我眼睛所看到的。然而，只是想做而未敢做。自己不是西藏人，却拐了个大弯去画西藏。而刘小东却能够只画他自己，画他的生活。把‘我’这个概念在艺术领域里开始确立起来。”

生活中，我们太习惯走别人走过的路。我们固执地认为，走大多数人走过的路不会错。但是，当我们这么想的时候，却忽略了一个重要的事实，那就是，走自己的路，也许更容易成功。

唯一的幸存者

◎王国军

她是个旅行家，她最大的梦想就是沿着美国的边界徒步走一圈。她认为那将是一次史无前例的野外旅行。为了这个梦想，她整整做了一年的准备，在正式离职以后，她认为时机到了。

那个秋高气爽的早上，她上了一家旅行社的汽车，目的地是芝加哥。在那里，她将开始她全新的旅程。一路上，大家都尽情欣赏着外边的景色，谁也没有意识到即将到来的危险。

晚上，大家一起享用了一顿丰盛的篝火晚餐，车子继续上了路。也许是因为旅途的疲惫，大家很快进就入了梦乡。

但大家万万没有想到，厄运就在这个时候降临。车子“砰”的一声撞坏了护栏，直冲向水中。很多人都惊醒过来，大人小孩都慌成了一团，哭的哭，叫的叫，有的往车门跑。当时她正坐在后面，她站起来，下意识地往前跑，跑了半步，她停住了。她猛然想起初中所学过的知识，车落水应该是前面先进水。如果这时一窝蜂往前面跑，只会增加危险的几率。她望着前面乱成一团的人们，忽然冷静下来。她开始用力地敲玻璃，因为她知道，这个时候如果敲不破这4毫米厚的玻璃，等车子完全进水后，就再也没有机会了。

她掏出随身携带的一把水果刀，使劲砸。一下，两下，三下……手出血了，一滴滴落下来，但她没有放弃。她告诉自己：只要活下去的勇气够强，决心够坚定，就一定有生的希望。也不知砸了多少下，她终于听到了玻璃破碎的声音。

她迅速拿了块海绵枕头，开始喊前面的人，但这时，她弱小的声音已经起不到任何作用了。她不再犹豫，从破玻璃处跳了出来。

厄运再次降临。由于不会游泳，再加上漆黑一片，她根本不知往哪个方向游，划着划着身体就沉了下去，生命悬于一线。为了不让自己喝到水，她一只手捏着鼻子，沉到水底后她就用力蹬泥土，好让身体浮到水面。这样沉下去浮上来四个回合后，她发现自己靠岸了。没有人会想到，在这样的情况下，她还如此镇静。然而，她做到了。

她遇到了救援队。没有人敢相信，这个在水中搏斗了两个多小时的姑娘，除了有些疲倦外，一切都很正常。

在获救后的第二天，她给家人打电话，告诉家人自己还活着。

很多人都觉得这样的事情是天方夜谭，但是她做到了。她也知道凭她一个人的力量，要想敲碎那4毫米的玻璃确实是件难事，但是如果不这样做，她也只能像其他人一样，在混乱中死去。事实证明，她的选择是正确的。

有记者希望她能把逃生的经验告诉大家，她只说了八个字：坚强、冷静、乐观、自信。

这是一个真实的故事，发生在2008年7月7日。她是这次灾难中唯一的幸存者，那天是她28岁的生日。

烂西瓜与诺贝尔奖

◎李浅予

1928 年，英国细菌学家亚历山大·弗莱明发现，青霉菌能分泌一种物质杀死细菌，他将这种物质命名为“青霉素”，但他未能将其提纯用于临床。1929 年，弗莱明发表了他的研究成果，遗憾的是，这篇论文发表后一直没有受到科学界的重视。

10 年后，德国化学家恩斯特·钱恩在旧书摊里看到了弗莱明的那篇论文，于是开始做提纯实验。1940 年冬，钱恩提炼出了一点点青霉素。这虽然是一个重大突破，但离临床应用还差得很远。

1941 年，青霉素提纯的接力棒传到了澳大利亚病理学家瓦尔特·弗洛里的手中。在美国军方的协助下，弗洛里在飞行员外出执行任务时从各国机场带回来的泥土中分离出了菌种，使青霉素的产量从每立方厘米 2 单位提高到了 40 单位。

虽然这离生产青霉素还差得很远，但弗洛里还是非常高兴。一天，弗洛里下班后在实验室大门外的街上散步，见路边水果店里摆满了西瓜，“这段时间工作进展不错，买几只西瓜慰劳一下同事们吧！”想着，他走进了水果店。

这家店里的西瓜看样子都很好，弗洛里弯下腰，伸出食指敲敲这只，敲敲那只，然后随手抱起几只。交了钱后刚要走，他忽然瞥见柜台上放着一只被挤破了的西瓜。这只西瓜虽然比别的西瓜要大一些，但有几处瓜皮已经溃烂了，上面长了一层绿色的霉斑。

弗洛里盯着这只烂瓜看了好久，又皱着眉头想了一会儿，忽然对老板说：“我要这一只。”

“先生，那是我们刚选出的坏瓜，正准备扔掉呢。吃了要坏肚子的。”老板提醒道。

“我就要这一只。”说着，弗洛里已放下怀里的西瓜，捧着那只烂瓜走出了水果店。

“先生，您把那几只好瓜也抱走吧，这只烂瓜算我送你的。”老板跟在后面喊。

“可我抱不了那么多的瓜啊，再说，要是把这只打烂了怎么办？”

“那……那我把刚才的瓜钱退给您吧！”老板举着钱追了几步，但弗洛里已走远了。老板摇了摇头，不解地望着这个奇怪的顾客远去的背影。

弗洛里捧着这只烂西瓜回到实验室后，立即从瓜上取下一点绿霉，开始培养菌种。不久，实验结果出来了。让弗洛里兴奋的是，从烂西瓜里得到的青霉素，竟从每立方厘米 40 单位一下子猛增到 200 单位。

1943 年 10 月，弗洛里和美国军方签订了首批青霉素生产合同。青霉素在二战末期横空出世，拯救了千万人的生命。战后，青霉素得到了更广泛应用。因这项伟大发明，弗洛里和弗莱明、钱恩荣获了 1945 年的诺贝尔生物及医学奖。

当机会像一只“烂西瓜”一样被人扔在一边，你若能发现它，并如获至宝，那么，恭喜你，你将获得成功。

被放弃的理想

◎沈岳明

法国少年皮尔从小就喜欢舞蹈，他的理想是当一名出色的舞蹈演员。可是，因为家境贫寒，维持基本生活都非常艰难的父母，根本拿不出多余的钱来送皮尔上舞蹈学校。皮尔的父母不得不将他送到一家缝纫店当学徒工，希望他学一门手艺后能帮助家里减轻负担。

每天要在缝纫店工作十多个小时的皮尔，厌恶极了这份工作，不仅仅因为繁重的工作所得的报酬还不够他的生活费和学徒费，更重要的是，他觉得自己是在虚度光阴，苦闷于自己的理想无法实现。他认为，“与其这样痛苦地活着，还不如早早结束自己的生命”。

就在皮尔准备跳河自杀的当晚，他突然想起了自己从小就崇拜的有着“芭蕾音乐之父”美誉的布德里，皮尔觉得只有布德里才能明白他这种为艺术献身的精神。他决定给布德里写一封信，希望布德里能收下他这个学生。在信的最后，他写道，如果布德里在一个星期内不回他的信，不肯收他这个学生，他便只好为艺术献身，跳河自尽了。

很快，年少轻狂的皮尔收到了布德里的回信。皮尔以为布德里被他的执著打动，终于答应收下他这个学生了。谁知，布德里并没提及收他做学生的事，也没有被他对艺术的献身精神所感动，而是讲了他自己的人生经历。布德里说，他小时候很想当科学家，因为家境贫穷无法送他上学，他只得跟一个街头艺人过起了卖唱的日子……最后，他说，人生在世，现实与理想总会有一定的距离。在理想与现实生活中，人首先要选择生存，只有好好地活下来，才能让理想之星闪闪发光。一个连自己的生命都不珍惜的人，是不配谈艺术的。

布德里的回信让皮尔猛然觉醒。后来，他努力学习缝纫技术。23岁那年起，他在巴黎开始了自己的时装事业。很快，他便建立了自己的公司和服装品牌。他就是皮尔 · 卡丹。

由于他放弃了当舞蹈演员的理想，一心扑在服装设计与经营上，皮尔·卡丹的公司发展迅速，28岁那年他便拥有了200名雇员。他的顾客中很多都是世界名人，其中包括阿根廷国母贝隆夫人和好莱坞的大明星丽塔 · 海华斯。

如今，皮尔 · 卡丹品牌不仅仅限于服装行业，还有服饰、表、眼镜、化妆品……皮尔 · 卡丹不但成了令人瞩目的亿万富翁，以他的名字命名的产品也遍及全球。皮尔 · 卡丹在一次接受记者采访时说，其实他并不具备舞蹈演员的潜质，当舞蹈演员只不过是他年少时一个虚幻的梦而已。如果那时他不放弃当舞蹈演员的理想，就不可能有现在的皮尔 · 卡丹。

是的，每个年轻人都有着自己的理想，也都为自己那伟大的理想激动过、苦闷过。但当理想与现实发生冲突时，就必须勇敢地放弃理想。只有勤勤恳恳地做事，脚踏实地地走好人生的每一步，才能更快地接近理想。

快乐，其实很简单

◎矫友田

有一段时间，因为工作不顺心，再加上疾病缠身，我的心情变得非常消沉。有时坐在电脑前半天，竟敲不出一段顺畅的文字。

那天下午，儿子忽然钻进我的书房，恳求道："爸爸，带我到海边玩儿好吗？"我看着他那渴求的眼神，不忍心再拒绝他。儿子见我点头答应了，高兴得跳了起来，然后把早已准备好的小塑料桶和塑料铲拿在了手中。

其实，我们家距离海滩不到三里路，步行不用半个小时便到了。以前，儿子曾多次提出让我带他到海边玩儿，可都被我以工作忙为理由拒绝了。儿子见到大海，显得异常兴奋。他指着海滩上停泊的几条木船，问："那些船为什么不到海里去呢？"我告诉他，那些木船都已经破旧了，就像年纪太大的人走不了远路一样。

走到那些木船的近前才发现，船底早就被泥沙掩盖了。我把儿子抱上木船，他站在甲板上好奇地看着那些破旧的船舱。突然，他的眼睛一亮，指着舱底那一洼清澈的海水，兴奋地喊道："你快看，水里面还有小鱼哩！"

随后，儿子俯下身去，仔细地观察着那些在水里游动的小鱼。又过了一会儿，他皱起眉头问我："爸爸，你说这些小鱼被困在这里会不会很孤单，它们是不是也像你一样整天不高兴呢？"我被儿子稚嫩的话语逗乐了，忽然来了兴致，就说："让我们帮它们返回大海好吗？"儿子高兴得点了点头。

于是，我脱下袜子，赤脚下到船舱里，将那些被困在船底的小鱼儿捉进小塑料桶里。然后，我和儿子下了木船，走到海边，由儿子亲手把它们放回大海里。接着，我们又走向另一条木船。当我们把最后一条木船里的鱼儿投入海里时，火红的晚霞已经映红了整个海面。

在回家的途中，儿子自豪地说："那些返回大海的小鱼，一定变得很快乐。"那时，我仿佛感觉有无数条快乐的小鱼，在心中自由地游弋着，那纠缠已久的烦恼也烟消云散了。

在生活中，我们往往会因为一时的烦恼，把自己搞得焦头烂额，以至于整个心都被忧郁的阴影占据了。为什么不能暂时放下那些纷繁芜杂的事情，怀着一颗孩子般天真、纯洁的心走出家门，为别人和社会做出一点儿善事呢？也许这样，我们就能从中收获快乐。

快乐，其实很简单。

还有多少奇迹在注视你的双脚

他卓越的特技制作不但总是创造出令人目瞪口呆、热血沸腾的视觉效果，而且能够和情节自然地融为一体，丝毫没有生硬和炫耀的感觉，这与他的特技师出身是分不开的。

让梦想发酵

◎崔鹤同

继曾创造全球票房纪录的《泰坦尼克号》之后，大导演詹姆斯·卡梅隆，12 年磨一剑，携《阿凡达》呼啸而来，所到之处，望风披靡，已经在全球 100 多个国家公映，上映 10 天，全球票房即达 10. 2 亿美元。凭借此片，2010 年 1 月 17 日，卡梅隆获得第 67 届金球奖最佳影片和最佳导演两项大奖。

《阿凡达》剧本完成于 1995 年。人们说这是搁置了 14 年的电影，实际上詹姆斯·卡梅隆很小的时候就喜欢在早餐桌上随手画点什么，那些保留下来的图片上早就有这部电影的雏形。写这个故事的时候，他早有这么一个属于自己的视觉图像图书馆，写剧本就像给那些断断续续的梦中人物找到他们的家。所以，《阿凡达》的出现，只是实现了他自己男孩时代就有的梦想，这已历经将近半个世纪。

卡梅隆的父亲是一个电气工程师，母亲是一个艺术家。少年时的卡梅隆就具有非凡的工程才能和组织能力，曾经带领小伙伴们制造过一个足以在地面上留下弹坑的抛石机，还曾用一个自制的潜水艇把一只老鼠送到了尼亚加拉河底。他曾和母亲学习过多年的绘画，曾在家乡举办过画展，并且很小就开始写科幻小说。他 14 岁的时候看到了大师斯坦利·库布里克的《2001 太空奥德赛》，当时他被惊呆了，在电影院里连续看了 10 遍之多。从此，他在心中做起了电影梦，开始用父亲的 8mm 摄影机拍摄一些简陋的影片。

卡梅隆在一所大学的物理系读书时干过机械修理工，给别人开大卡车，这使他对机械及其功能产生了兴趣。他的第一份电影方面的工作是为好莱坞制片人罗杰·卡曼工作室 1980 年的影片《星空大战》制作特技模型，后成为导演和电影制作设计师。他卓越的特技制作不但总是创造出令人目瞪口呆、热血沸腾的视觉效果，而且能够和情节自然地融为一体，丝毫没有生硬和炫耀的感觉，这与他的特技师出身是分不开的。

1981 年，卡梅隆的第一部导演作品问世。这部名叫《食人鱼 2：繁殖》的影片在意大利拍摄，由于饱受轻视和屈辱，他下定决心不再为任何人卖命，一定要制作自己的电影。痛苦的经历使他每晚噩梦缠身，一次他做了一个非常清晰的恶梦：被一个来自未来的机器杀手追杀。根据噩梦的内容，卡梅隆写了一个浸满其卓越才华的电影剧本《魔鬼终结者》。他把这个剧本以一美元的价格卖给了制片人高尔·安尼·赫特，条件是让他以自己的方式导演这部影片，高尔答应了他的要求。1984 年，卡梅隆推出了他第一部自编自导的影片《终结者》。这部影片的拍摄只花了 650 万美元，却赚得了 3600 万美元的国内票房，并赢得了影迷和评论界的一致好评。《终结者》终结了卡梅隆的苦闷、彷徨和酸楚的窘境，从此前途一路光明。

1989 年，卡梅隆自编自导的第三部重量级作品《深渊》问世。

其中穿插了很多惊险的打斗和关于海底神秘生物的描述，并首次在电影中使用了大量的电脑生成影像，创造了前所未有的水下特技效果。后来的《泰坦尼克号》也运用了在《深渊》中实践过的很多特技手段，为电影特技的发展树立了里程碑。

15 年前，卡梅隆就已写好了 80 页的《阿凡达》剧本草稿，并将可能用到的特效技术一一列出。而他所要做的就是等待和帮助这些技术臻于完美，并推动电影产业接受 3D 格式的电影。2002 年，他历时 5 年完成了纪录片《俾斯迈的考察》，获得了当年的艾美奖；2003 年完成了《深渊幽灵》。恰是这些科学探险，积累了启动《阿凡达》的经验和勇气。在《阿凡达》中，电脑动画场景占了 60%，特技镜头达 3000 个，可谓史无前例。摄影棚里，没有丛林，没有怪兽，没有外星人，演员们穿着做了标记的紧身莱卡服。而在卡梅隆导演的镜头里，演员的现场表演和外星人的 CG 镜头可以同步且无间地呈现，产生互动，展示了遥远星球潘多拉的神秘世界。这种“同步镜头”技术，正是卡梅隆等待数年的新技术。卡梅隆说《阿凡达》是一部呕心沥血的作品，片中连续 20 分钟的特效镜头耗尽了他 14 年的心血，这也是等待和坚持的结果，也是他疯狂努力的回报。

一个人的梦想需要发酵。等待、坚持、准备和努力便是酵母，时间便是发酵的过程。只有经过发酵，梦想的土壤才能长出希望之树，结满成功之果。

正视自己的痛

◎英　涛

走进中戏的考场，他的心依然被那个问题困扰着：说，还是不说？如果说出来，会不会又像考“北电”那样，虽然自己一路过关斩将，可最后却名落孙山？

这件事情足足困扰了他三年，每每想起，他心中的痛就在全身蔓延开去，就像一颗石子击中了自己的心，泛起一圈圈痛苦的涟漪。

那年，他 18 岁，考上了无数少男少女梦寐以求的学校——上海戏剧学院。他走起路来都是昂首阔步，看人的眼神更是带着得意与骄傲。所以，当听到别人说他是个不知天高地厚的青瓜蛋子的时候，他的拳头挥了出去。

打架的结果，换来了上戏开除他的决定。他的父亲听到这个消息，立即从老家沈阳飞往上海，一见他就拉着他的手说：“走，我们找老师去，请他们再给你一次悔改的机会。”

父亲带着他，找到授课老师、系主任、校领导，一级一级往上找，一次又一次放下做父亲的尊严去乞求那些老师给他儿子悔过自新的机会。可一扇一扇的门打开又关上，没有一扇门给他留下哪怕一丝希望。

尽管父亲的努力没有改变他被开除的结果，但通过这段日子的奔走，他忽然间成熟了：他懂得，有些事情做了就永远无法改变，现在要做的就是重新站起来，重新给自己机会。

回到沈阳，他听从父亲的安排，决定到国外去学习。可就在拿到签证的那一天，他忽然又想起自己儿时的梦想，想起了在上戏读书时站在舞台上那神采飞扬的样子。他发现，离开上戏的这两年，自己一直放不下做演员的梦想。他对父亲说：“再给我一次机会。如果没有考上，我就头也不回地出国。”父亲点头答应了。

于是，他先报考了北京电影学院。在考试的时候，他讲出了自己被上戏开除的事情，因此，北影最后放弃了他。

现在，站在中戏的考场上，他到底要不要再说这件事呢？

看着考场上坐着的几位评委老师，他脱口而出的第一句话竟然是：“我曾经是个被上戏开除的学生，现在我悔过了，我也懂得了如何去珍惜自己的生活了，只是我不知道中戏会不会给我一次机会，让我一切重新开始？”

于是20岁那年，他以专业第一名的成绩考入了中央戏剧学院。

写到这里，大家一定都知道他是谁了，他就是《士兵突击》里成才的扮演者陈思成。《士兵突击》的导演康洪雷选演员的时候，无意中知道了陈思成的这段经历后，马上决定让陈思成来演成才。因为成才和陈思成一样，都是经历挫折后能够正视自己的痛的人！

赛马手

◎星 竹

有一位谁也打不败的赛马手，整整在赛马场里做了30年，人称赛马场上的常青树。有人为了给他写书，采访他。当问及他人生的座右铭时，他的回答让人费解："记住你生活中最寒冷的那个日子！"

采访者问，你生活中最寒冷的日子是什么时候?

他将采访者带到自家后院的一座老式马棚里。马棚里又臭又脏，地上泥泥水水，根本无处下脚，与赛马手漂亮气派的大宅子极不相称。

赛马手指着泥水地上的一堆马粪对采访者说，你敢躺在上面吗?说话之间，他自己已经躺在上面了，头枕着一堆又臭又脏的马粪。

采访者惊呆了。

赛马手躺在马粪上说，你不觉得这里很舒服吗?那天晚上，气温有零下二十几度，滴水成冰。两天没有吃饭的我，人虚弱到了极点，走在路上，我只想躺下来。可我知道，只要躺下，我就会被冻死。但我身无分文，没有别的出路。于是，我钻进了这个马棚。我本以为马棚里会有草，让我暖和一点儿，但马棚里光秃秃的，只有马槽里有少许的一点儿马料。不过里面总比外边暖和，于是我躺了下来，就蜷缩在这堆马粪上，和现在一样。

我的身边是几匹退役下来的赛马，它们老了，或许很快就要被主人杀掉。半夜，我被饿醒了，我爬到马槽边上，从里面找到一小块豆饼。我啃着冰凉的豆饼，望着头上的星星不停地想，我早晚会被冻死，因为这个冬天肯定还会更冷，我怎么才能结束这样的生活呢？那时我还是一个孩子，身边的赛马让我自然地想到壮丽辉煌的赛马场，想到获胜的赛马手们得到的大把奖金，那就是衣物和食品，就是暖烘烘的屋子和舒适的床。我想，如果我也能成为一名赛马手……

隔天，我去了这个城市的赛马场，没有人要我。我对他们说，我干什么都成，只要不被冻死，只要有一口马料。真的，这就是我最初的底线。

第一天，我吃的就是马料。他们不相信我能承受非人的待遇。而第一天的活儿，是掏马屁股。一匹赛马七天没有拉屎，它患了便秘。主人让我把手上涂满肥皂，不断地伸进马屁股里去掏马屎。

就这样，整整 7 年，我干了整个赛马场里最脏、最累、最没人干的活儿。渐渐地，我从第一天掏马屁股，直到后来成了一名赛马手，从赛马场上的倒数第一，变成了前三名的赛手。

一晃就是十几年，我曾被别的赛马手不断地击败，甚至两三年里也拿不到名次。大家嘲笑我，说我老了，赛马场是年轻人的天堂，他们劝我退下来，我也很沮丧。每当这时，我就来到这个马棚。我很早就把它买了下来，而且一直保持着它原来的样子，又臭又脏，屎粪成堆。但我要保持着我的底线，无论多么困难，我想，我的生活都不会比这更糟了。

每次来到这里，我都会感到知足。你知道，那个时候，我很有可能根本度不过那个寒冷的冬天，我的生命很有可能就在那天夜里结束，可后来我又赢得了很多很多。是这个底线让我感到满足，并信心百倍。我的生活曾是这样糟糕，赛马场上的任何失意，都不会比这更糟了，那我还怕什么，还在乎什么？就是失败，也比这个底线美好了上千倍。

人，重要的是怎么去比较。我设定了这个底线，它就像一把尺子，是这把尺子让我舒心，永远不会再被生活打倒。

有了这把尺子的对照，我的生活什么时候都是美好光明的，难道不是吗？我感谢这里！我常躺在这堆马粪上，只有你真实地躺在这上面，你才会懂得感恩，才会觉得，你现在的一切是多么地美好！

每个人都有两扇窗

◎感 动

他是一名警察，一名不一般的警察，因为他有着过人的听力。

他凭借窃听器里传来的嘈杂的汽车引擎声，就能判断犯罪嫌疑人驾驶的是一辆标致、本田还是奔驰；当嫌疑人打电话时，他能根据不同号码的按键声音差异，分辨出嫌疑人拨打的电话号码；在监听恐怖嫌疑人的电话时，他通过房屋墙壁的回声，就可以推断出嫌疑人此时身处机场大厅，还是藏身于喧闹的餐馆，或是在呼啸的列车上。

由于听力超群，他可以辨别不同语言发音的细微差异，这让他成为一个优秀的语言学家和训练有素的翻译。他会说七国语言，包括俄语和阿拉伯语。他还自学了塞尔维亚语和克罗地亚语。可以说，他的脑子就像翻译器一样汇集了各种语言，正是这种语言能力使他成为警局中的宝贵人才。

他从警时间不长，但他利用听力的优势，获取到了大量珍贵线索。很多疑难的大案、要案，都在他的耳边迎刃而解。他屡立奇功，获得过各种奖励和荣誉，于是被称为警队里的“超级英雄”。

没见过他的人，都会羡慕他那神奇的听力和他得到的那些荣誉。但谁也不会想到，这位超级英雄手里握着的不是手枪，而是一根盲人手杖，他身边没有警车而是跟着一只导盲犬。他叫夏查·范洛，是比利时警察局的一名盲人探员。

因为双目失明，范洛从小就不得不努力倾听周围的一切声响，以辨别自己到底身处何方，以躲避身边的危险。因为看不见，从小到大，他在过马路时经常会撞到别人身上，或被一些车撞倒，这令他伤痕累累。他恨上帝的不公平，他变得自闭，自暴自弃。直到 17 岁那年，他因判断失误，撞在了一辆响着铃的自行车上。

骑自行车的是个同他年龄相仿的女孩，她生气地冲着戴着墨镜的他大声质问：“你为什么要故意撞倒我，看不见吗？”他当时身上撞得也很痛，就激愤地说：“是，我是个瞎子，怎么样？”

“铃按得那么响，不会用耳朵听吗？”女孩丢下这么一句话，扶起自行车愤怒地离开了。他愣在那里，回味着那句话，才突然想到了自己的耳朵。

从此，范洛开始锻炼自己的听力，他在各种场合用各种声音来训练自己的听力。不知吃过多少苦，流过多少汗，受过多少伤，但他一直没有放弃。十几年的艰苦练习，让他练就了天下无双的敏锐听力，直到自己进入警队，成为比利时警界里“失明的福尔摩斯”。

范洛从不忌讳别人说自己是个盲人。他常说：“如果我能看到光明，那我现在可能还是一个平庸的人。正因为我看不见，我才会专心努力地去听，结果我听到了别人无法听到的声音。”

一个人生命中的得与失，总是守恒的，我们在一个地方失去了，就一定会在另一个地方找回来。因为上帝送给每个人的都是两扇窗子，当他关闭了其中一扇时，就必然会为你打开另外一扇。

当一个瓶子有了梦想

◎包利民

这是一只很普通的塑料瓶子，可回收重新使用的那种。在它的里面盛装过各种东西，它尝过酸甜苦辣，可它并不满足。它常听人们说起梦想，可是为什么没人把梦想装进它的体内呢？它很想知道梦想是什么滋味的，可是它知道，平凡卑微的瓶子永远也不会拥有梦想。

有一次在它重新空了以后，被扔在了一个院子里，它无法知道等待自己的命运是怎样的。紧接着，大雨来了，在风的作用下，它在雨中翻滚着，可它不说苦。然后太阳来了，它惬意地晒干身上的雨水。当它在阳光下想着梦想的时候，它听到一声赞叹："这只瓶子多干净啊！"于是一只手把它拿了起来，它可以感觉到那只手抚在它身上阳光般的温暖。那只手把它带到一个房子里，用清水把它洗净后，放在一个桌子上。它发现桌子上已站了许多和它一样的塑料瓶子和铁瓶子，站在它们中间，它感觉到了自己的突兀。它又看见那只手了，正握着一支笔在疾书。它不知道自己的新任务是什么，只好这样等着。正想着，那只手又把它拿了起来，一个写满字的布条塞进了它的体内，然后它被拧紧了盖子，又被蜡和漆密封了。它完全迷惑了。

它被装在一个袋子里，和众多同伴一起，既黑暗又拥挤。它感觉有人在背着它们行走。不知过了多久，那人停了下来。它感觉眼前一亮，海浪声随风而来。然后那双手把它们捧了起来，带着虔诚，它听见了喃喃的话语："你们就是我的梦想啊！去你们该去的地方吧！"它们感觉飞了起来，落进了茫茫的大海里。它有些惊慌，海水淹没了它的大部分身体，它和同伴们开始还聚在一起，几个大浪打来，同伴们便四散不见了。

独自浮浮沉沉漂浮了一阵，它忽然明白自己心里是装着那个人的梦想了，于是充满了力量。它努力地跟着浪走，跟着风走，陆地早已没了影踪。虽然不知往哪里去，但它暗暗下决心，一定要到达那人所说的"该去的地方"。无数次，它被海浪掀起摔在礁石上，被惊涛埋在水底，可它都挣扎着浮起来，继续向前走。有过美丽的夜晚，飞鱼从它头顶划过优美的曲线落入水中，月光洒在海面上，大海也像一个温柔的怀抱轻轻地摇着它入眠。更多的时候，它是在躲避那些大鱼，不知多少次，它从那些不知名的大鱼口中逃出来，因为心里有沉甸甸的梦想啊！日子就这样流走，天高海阔，四望茫茫，它真的不知出路在何方！

也曾想过放弃，也曾绝望，可是它依然走过来了。终于，有一天，它看见了陆地的影子。不顾身心的疲惫，它努力地漂过去，然后静静地泊在岸边，在陆地的臂膀下，它睡得很安详。在一个阳光明媚的上午，一只手伸过来，轻轻地把它拿起来。它被带到了一个风格完全不同于自己过去看到的屋子里，那双手打开了密封，拧开了盖子，拿出了布条。看过后那人发出了一声惊呼："天啊！这只瓶子穿过了整个大西洋！"当时的人们能揭开大西洋洋流的奥秘，这只瓶子功不可没。后来，它被送进了当地的一家博物馆，人们总要在它的面前驻足，说：“看，这就是世界上第一个漂流瓶！”它就这样微笑地接受着世人的注视，许多许多年。

沉浮在茫茫的人海里，四处碰礁，也曾几度险被厄运撕碎了身心，你是否还带着梦想在继续赶路？在这个世界上，只要你把梦想当成生命的一部分，就会迎来一个美好的归宿。

这是一只瓶子告诉我们的！

谁都可能走弯路

◎澜　涛

当命运遗忘了把某种先机给予我们，或许那正是在暗示我们在另一条路上的当仁不让。

一

刘翔少年时，上海市普陀区少年体校的跳高高级教练顾宝刚发现他的身体素质非常出众，便将他招入门下练习跳高。刘翔从小就十分好强，练习非常刻苦，成绩提高很快。但横杆在快速提高一段时间后，再提高却变得困难起来。刘翔很着急，以为是自己的用心不够，就给自己加练，他想用更加刻苦的训练提升自己的成绩。一段时间后，横杆的提升微乎其微。顾宝刚找到刘翔，无奈地表示："你的腿如果再长5厘米就好了。以你现在的身高最多也就是个亚洲冠军。你好好考虑一下是否放弃跳高……"刘翔因自身的不足而非常痛苦，但他又不得不接受这个现实。在顾宝刚的建议下，他开始改练跨栏。

日复一日，春秋流变。那个不足留下的遗恨沉沉地压在刘翔心头。

2004 年雅典奥运会 110 米跨栏赛场，刘翔羚羊般跨越一个个横栏，风驰电掣地第一个冲过终点，世界震惊，电视机前的顾宝刚感慨道："他幸亏矮了 5 厘米。"

没有山的高耸，或许可以追逐波澜的澎湃；没有山花的娇艳，或许可以追逐小草春风吹又生的昌盛。当命运遗忘了把某种先机给予我们，或许那正是在暗示我们在另一条路上的当仁不让。

二

勒布朗·詹姆士上小学就迷恋上了美式橄榄球，他的努力很快就让他鹤立鸡群。他梦想着自己长大后，一定要成为一名美式橄榄球明星。12 岁时，一次意外受伤让詹姆士面临一个痛苦的抉择：要么换位置，要么放弃橄榄球。经过一番痛苦的权衡，詹姆士决定放弃橄榄球。离开橄榄球后，詹姆士拿起了篮球。很快，他的篮球天赋被展现出来。

今天，作为 2003 年 NBA 状元的詹姆士，已经成为 NBA 中红得发紫的年轻球员了，这个美国小子被热爱他的篮球迷们称为"小皇帝"。

三

伊辛芭耶娃从小就非常喜欢体操，她梦想着有一天能够成为世界冠军。在梦想的牵引下，母亲将她送去练习体操。不管，严冬酷暑，她都挥汗如雨地练习着，舍不得荒废丝毫时间。然而，没练习几年，阴云开始漫上她的心头：她的个子越长越高。

在体操队里，人长高，意味着土豆发芽，是要被“扔掉”的。想一想，本来你可以在空中翻四个跟头，长得太高，只剩两个半了，怎么和他人去竞争?

伊辛芭耶娃落寞地离开了体操队，但内心里的那个世界冠军梦却依然燃烧着。她开始将自己的梦想寄托到另一项运动上——撑竿跳高。这是一个身材越高优势越大的运动项目。

今天的伊辛芭耶娃不仅获得了奥运会、世界田径锦标赛等各种大赛的冠军，更将女子撑竿跳高的世界纪录一次次刷新着。

人生的选择很难一选即准，拐个弯或许就可以看到旖旎的风景。

为生命奔跑

◎李雪峰

每天早晨，当曙光刚刚照亮非洲大草原的时候，羚羊们一睁开眼睛就开始练习起了奔跑。它们箭一样地踩落露珠，让自己敏捷的身躯和草原上的阳光展开竞赛。阳光和晨风被它们追逐着，它们轻扬四蹄，把风和阳光远远地甩在自己的身后。

也是在早晨，当草原上射下第一道阳光的时候，那些猎豹和狮子也纷纷从草丛中跃起，闪电一样，在莽莽的大草原上练习奔跑。它们不追逐阳光和风，它们只梦想自己能跑过那些最矫捷的羚羊，然后在饥饿的时候，可以追上那些风一样快的羚羊群。

羚羊、猎豹、雄狮，都是非洲大草原上以奔跑而扬名的佼佼者。但一只欧洲动物科考队经过连续几年的观察却惊讶地发现，有些箭一样的羚羊被并不健壮的猎豹和雄狮捕食了；而一些并不矫捷的羚羊，却轻而易举逃脱了猎豹和雄狮们闪电一样的利爪。

这是为什么呢？科考队一直解不开这个奇异的谜。

后来，科考队盯上了一只年轻雄狮，同时跟踪了一群年轻的羚羊。科考队发现，每当朝阳升起的时候，也是羚羊最危机四伏的时候。这时，沉睡了一夜的非洲雄狮早已饿得饥肠辘辘了。为了活过新的一天，饥肠辘辘的雄狮就在大草原上四处逡巡，寻找那些敏捷的羚羊群。发现羚羊群后，它们就蹑手蹑脚地靠着草丛的掩护一点儿一点儿靠上去，然后选准个头小的羚羊，或是老迈的老羚羊后，就一个箭步跃出去。在雄狮凶猛的追逐下，羚羊群很快飞跑起来。但无论它们奔跑得多快，总有一两只羚羊会被雄狮紧追不舍，最后彻底被扑倒，锋利的牙齿一下子深深咬进它们的喉咙。但到了中午，情况就很不一样了，那些吃饱喝足的猎豹和雄狮就懒洋洋地半闭着眼躺在树阴和草丛下。刚刚饱餐了一顿，它们对那些停在身旁不远处的羚羊已经没有了太多的兴趣，能捕到一只，自己可以吃得更饱一些；假如捕不到猎物，那也没什么，它们的体力足以支撑到第二天早上。因此，对于那些近在咫尺的羚羊，它们也只是象征性地追逐一番，捕得到就捕一只；捕不到的，猎豹和雄狮只是象征性地追逐几个回合，就草草收场了。

科学家们感慨地说：“早晨时猎豹和雄狮们是在为自己的生命奔跑，所以它很容易就捕到了猎物。而到了中午，已经吃饱喝足的猎豹和雄狮们仅是为了自己能吃得更饱而奔跑，严格来说，仅是为了自己生活得更好而奔跑，所以它们常常是无功而返。”

为食物而奔跑，猎豹和雄狮常常一无所获；为生命而奔跑，猎豹和雄狮却时时无一落空。同是奔跑，目的不同，得到的收获也绝不相同。

为温饱和财富而奔跑，我们的人生可能会终无所获；为生命而奔跑，我们的人生才可能硕果累累。

人生，要为只有一次的生命努力奔跑。

一扇窗子，就是一种心境

◎羽　毛

著名的大画家黄永玉年轻时命运多舛，当过瓷场的小工，在码头卖过苦力。那时，一大家子还被赶到大杂院最角落的一间小屋居住，环境十分恶劣。

在那段日子里，黄永玉非常绝望，曾想炖锅牛肉拌点毒药，全家吃下去一了百了。可看着尚未成年的孩子，又不忍心。有一位祖上三代都是花匠的老人，和黄家交好，他每天早晨，都给黄永玉送一束自己采摘的鲜花，花上还沾着露珠。

当时，老花农对绝望的年轻人说："花儿草儿，尤其是荷花，沾上什么脏东西，抖落两下就没有了。人也可以活得像植物一样干净新鲜啊。"

老人的话，让黄永玉豁然开朗，仿佛生命中打开了一扇大窗子。

回到狭小昏暗的居室，他第一次仔细观察房间的窗子，高而且小，铁格子已经生锈，仿佛监狱牢房一般。推开窗子，外面除了一堵灰黑的高高的墙，再无其他。

人的心，就被这锈掉的窗和高墙堵着、压着，几乎窒息。

黄永玉灵机一动，舒展画笔，在自家的墙壁上画了扇大大的窗子，是当时很时髦的玻璃铁窗，足足两米长；又画了无数的繁花绿叶，正从窗口里生机勃勃地探进头来——人一进屋，立刻感到春光明媚。后来，他又在墙上描画了一大片荷塘，荷叶青青，荷花粉红或者嫩白，点缀其中，仿佛能够溢出清香，让人心旷神怡。

“生活已经如此悲惨暗淡，必须自己创造纯洁美好的东西！”从此以后，无论生活如何布满阴霾，黄永玉总能推开自己的那扇“窗户”，让阳光投射来。他以其独有的乐观豁达，成为了年轻人喜欢的画家。他曾经笑说：“一生无大的成就，但是从不浪费时间，总算没有辜负自己初中二年级的学历。”

功成名就之后，他最爱的仍然是窗外的风景。

在香港买的房子里，那扇落地长窗从书房到客厅，居然长达10米。他曾经说：“窗外风景总是变幻，不论打雷、落雨、刮风、天晴，都非常吸引我。人的每个阶段都会打开不同的窗子，一扇窗子就是一种心境，你可以慢慢体味，决不要悲观气馁。”

虽然历经无数风雨，黄永玉仍然珍惜生活的每一点真，每一分善，活得像一块沾染不上脏东西的窗户玻璃，只让美妙的风景占据心灵视野。

或许，人生就是一个面积有限的屋子，但你推开哪扇窗子，看到什么样的风景，活出什么样的境界，都靠自己掌握。有的人视野狭隘，看到的只是低矮的屋檐；有的人视野开阔，就能看到屋檐上的蓝天。黄永玉是后一种人，即使人生给他的是狂风骤雨，他也能打开亮堂堂的窗子，看到风景这边独好。

地下八日

◎张小石

矿井塌方的第八天，人们终于找到了那个挖煤工。他是七名被困者中唯一生还的，而他当时的处境又是最艰难的——他一个人被堵在一条废坑道里。

当他被蒙着眼睛抬出来时，第一句话就是："真亮啊！真热啊！"他虚弱地与别人握手，说："这世界还在。"

其实，他并不知道自己在矿井里待了多少天。他后来回忆说，当时发现塌方，心中十分慌乱、绝望。但他很快控制住情绪，安慰自己说：不要紧，上面肯定要派人救助。正好那天他很累，就躺在木板上睡觉。醒来后，他在坑道里来回走动，仔细听有没有外面传来的声音。

这样的情形不知过了多久，除了水滴声，坑道里静得像坟墓。他毫无办法，就唱歌自娱，学明星在舞台上喊："左边的朋友，来一点掌声；右边的朋友，来一点掌声。下面我给大家献上一曲《XXXX》。"然后他就笑，觉得怪好玩的。唱累了，他又躺到木板上睡觉，幻想着美好的事物，希望能在梦中看到这些。

再次醒来时，他又竖起耳朵听。渐渐地，一些他盼望中的声音出现了，他喜悦地向发出声音的地方跑去，大喊大叫，希望引起注意。但是，这些声音有点怪。只要他想念什么声音，那声音很快就能“出现”。他开始怀疑自己是在“幻听”。这是没用的，只有感觉到震动，看见洞口，才能确信救兵到达。他安慰自己要耐心等待。于是，“个人演唱会”再次开始。

时而恐惧，时而平静，时而绝望，时而欣慰……他一直在与自己的内心作斗争。为了控制住自己，他想尽了各种办法。除了唱歌、讲故事、幻想美好事物外，他还坚持在坑道里玩射击游戏——将一片木板插在壁上，然后在黑暗中向它扔煤块，如果听到“啪”的一声，就是打中了。他要求自己：只有打中一百次才能睡觉。

他不知道多长时间没吃饭了，口袋里那块巴掌大的锅巴成了精神寄托，他每次都是数着米粒吃它，目前已经吃了370粒。他在回忆时说：“坑道里有水，口袋里有锅巴，更重要的是，我坚信人们会来救我。”

他是在梦中听到响动的，然后他就看见洞口射进的刺目的光芒。他紧紧捂住眼睛，但仍然感觉光是那么强。当他确信自己得救时，一下就瘫了……

我深为这名挖煤工感动：仅有外界的救助是不够的，重要的还有他的自救。他无法控制灾难，但他能控制自己。某种意义上看，人是通过控制自己，才控制了他的整个世界。

还有多少奇迹在注视你的双脚

◎崔修建

两颗相同的种子一起被抛到土地里。

一颗这样想：我得把根扎进泥土，努力地往上长。我要走过春夏秋冬，要看到更多美丽的风景……

于是，它努力地向上生长。

在又一个金黄的秋天，它变成了很多颗成熟的种子。

另一颗却这样想：我若是向上长，可能碰到坚硬的岩石；我若是向下扎根，可能会伤着自己脆弱的神经；我若长出幼芽，可能会被蜗牛吃掉；我若开花结果，可能会被小孩连根拔起。所以还是躺在这里舒服、安全。

于是，它瑟缩在泥土里。

一天，一只觅食的公鸡走过来，三啄两啄便将它啄到了肚子里。

在慨叹两颗种子迥然不同的命运时，我们惊讶地发现这样一个简单的道理——越是害怕失败，越会导致更大的失败。相反，坚定地树立奋发向上的信念，敢于冒险，敢于承受岁月的风风雨雨，就一定会拥抱令人羡慕的成功。

走进生活，我们常常会发现这样一些人——他们习惯于安逸、舒适，总有很多的担心、忧虑。日子一久，他们便渐渐丧失了进取的勇气和力量，即便是行动了，稍遇挫折，或垂头丧气，或怨天尤人，或一蹶不振，给自己的生活抹上许多阴影。

同时，我们也会看到另外一些人——无论在何时何地，他们总有热望，总有激情，总在积极、认真、努力地充盈着每一天，纵使历经磨难，也痴心不改，最终为自己赢得了充实的人生。

一位哲人曾说过："如果你的内心拥有无穷的力量，就能够思考、鼓舞、希望、引导你追求任何人生的目标。"是的，即使是再平凡的人，他的内心深处也埋藏着巨大的潜能。真正的成功者，无一不是善于挖掘自身潜能的智者。

如是，请记住一位老师生动而耐人咀嚼的赠言——对你的双脚有多大的自信，你就能登上多高的峰巅。

为自己的心灵不断加油

你现在身体非常非常虚弱，你已经变成婴儿了，你全身都很瘦小，你的手指像小鸟爪子那么瘦……慢慢地，这些人真地相信了。

为自己的心灵不断加油

◎苇 笛

英国心理学家哈德飞，曾经给两组志愿者进行过不同的催眠。他对第一组人说：你现在身体非常非常虚弱，你已经变成婴儿了，你全身都很瘦小，你的手指像小鸟爪子那么瘦……慢慢地，这些人真地相信了。这时，给他一个握力器，受测者的平均握力是 29 磅。然后，他又对第二组人进行了催眠：我现在往你口中滴的是营养液，是泰森服用的那种，所以，你会像泰森一样强壮，越来越强壮。此时，他又让这些人去握握力器，结果，平均握力是 142 磅。而事实上，这两组人在清醒状态下的正常平均握力皆是 101 磅。

这个实验，让我们清楚地看到了心理暗示的强大力量；而这种力量，既可能是正面的，也可能是负面的。

既然心理暗示的力量如此强大，那么，在一个生命的成长过程中，若是不断地给予正面的暗示，结果又将如何呢？

海洋动物馆里有一条重达 8600 公斤的鲸鱼，训练师经常对它进行“跳高训练”。就是将绳子放在水面上，然后让鲸鱼从绳上跃过去。每次跃前，训练师都会亲热地对着鲸鱼喃喃低语，告诉鲸鱼它很棒，一定能跃过去。果然，大多数时候，鲸鱼顺利地从绳子上“飞”了过去。训练师随后便拿来鲸鱼爱吃的食物，奖赏鲸鱼。

一次次的鼓励，一次次的奖赏，使得鲸鱼越跃越高，最后竟跃过了 6.6 米。

一条鲸鱼，在不断的激励下竟能创造出奇迹；可想而知，一个人，若是内心不断地受到激励，必能创造出一番业绩来。

阿里巴巴网站的缔造者马云在谈到自己的创业历程时，感触最深的一点便是：有一点点成功，就用自己的左手温暖右手。而左手温暖右手的过程，不正是自我激励的过程吗？正是有了这种激励，马云克服了一个又一个难关，最终将阿里巴巴打造为出色的商业网站。而他自己，也成了 50 年来《福布斯》封面上第一位来自中国大陆的企业家。

人活着，就应当走一条向上的路，尽管向上的路充满了阻力。走上这样一条路，不可避免地要经受挫折、遭遇磨难。当我们一身伤痕地摔倒在路上时，应当不断地激励自己、为自己的心灵加油，这样，我们的内心便会油然而生一种崭新而强大的力量。这种力量支撑着我们，推动着我们努力向上走，直至到达人生的巅峰。

心上的耳朵

◎卫宣利

两岁时，她发高烧，被医生用错了药，失去了听觉。上学后，她听不到老师的讲课，作业常常无法完成，班上的同学也嘲笑她，没有人愿意和她做朋友。她哭着回家去找母亲。母亲说，只有上帝特别宠爱的孩子，才会被他故意拿走听觉。母亲牵着她的手走到院子里的牡丹花旁。四月的早晨，牡丹大朵地开着，金线一样的阳光倾泻而下，粉白的花瓣开得骄傲而张扬。母亲指着一朵花蕾对她说，声音不光用耳朵才听得见，用你的心去倾听，会听到花开的声音。

整整一个上午，她就待在那朵花下没动。她仔细地看着花苞一点一点地开启，张开，露出粉色的花瓣。一片一片的花瓣，都挣脱了束缚，奋力往外张着，她仿佛真地听到了花瓣的笑声，银铃一般娇媚而婉转。

那一天，她开始相信，原来在自己的心上，还有一双耳朵，能听到花开的声音。

她开始学习读唇语，并且很快便能用这种方式和别人交流。她就这样看着老师的口形听课，居然门门功课优秀，顺利地一路读到高中。高考前，因为耳聋，成绩优异的她被告知没有资格参加高考。体检结果下来的那天，正好是物理模拟考试，她无法按捺心中的忧伤，冲动地交了白卷。她不明白，为什么自己这么努力，却还是要受到如此不公正的待遇。

老师收到她的白卷，没有责怪她，而是带她去了一个地方。是一个赛场，参加比赛的都是残疾人。当看到一个半截人移到腕力赛的专用桌旁时，她惊呆了。那是一个肢残的中年妇女，她的臀部以下全没了，是用双手撑着砖头移到赛场来的。还有那位让人扶着走进赛场的盲人选手，她无法想象，看不到亲人的笑脸，永远不明白颜色是什么东西，终极一生都在黑暗中摸索，将是怎样的凄凉。

那一刻，她的心被震撼了。

老师问："如果注定你有一种残疾，你会选哪一种？"

这样残酷的问题，一时让她不知如何回答。老师说："你以为耳聋就是天下最大的痛苦，可是还有这么多比你更不幸的人，他们都活得快乐而精彩。一个人，只有在心灵上撒播种子和希望，心才会开出花来……"老师没有再说下去，她却醍醐灌顶一般，一下子全明白了。

她放弃了高考，选择了一所技校。毕业后，她又读了中医学院的自学考试，顺利地拿到大专文凭，工作也从车间里的工人变成了厂医院的医生。业余时间，她唱歌、写作、画画，带着一帮聋哑朋友跳舞，在比赛中一次次抱回大奖。有记者问她："你听不到音乐，为什么还能把舞步跳得那样有动感和节奏感？"她笑，回答说："心里有舞，脚下便有步。"

是的，她的心上有一双耳朵，听得到花开、流水、鸟鸣和虫语; 她的心里种下的爱，早已开成了一朵灿烂的花; 她的心里有舞，所以醉了世界。

前面有鲜花，不全是荆棘

◎李丹崖

有人说，当他张开双臂热烈拥抱这个世界的时候，无数贪婪的手把他的两兜掏了个精光。

他的确是个命途多舛的人，出生在一个贫苦的农家。两岁那年，他又失去了父亲，全靠母亲一手把他拉扯大。到了上学的年龄，他上了小学，这时候，家里的生活就更加困难。他经常饿着肚子上学，沿途的酒馆里飘来浓浓的饭菜的香味，馋得他一个劲儿地咽口水。实在饿极了，只得在趁人不注意的时候，从茶馆门前的残茶筛里偷偷抓几把泡过的茶叶充饥。

13岁那年，为了缓解家庭压力，他终止了学业，到部队参军，做了一名通讯员，负责给司令员打扫卫生，牵马。后来，这个司令员被安排到了济南烈士纪念塔筹建处工作。因工作需要，这个筹建处集合了一大批美术人才。在这些美术人才的耳濡目染下，他一下子迷上了油画。为了学习绘画，他到处找纸张，他的第一张油画是在自己的床单上完成的。

他画的是一张斯大林肖像。完成油画的那一晚，他欣喜若狂到辗转难眠，从自己的这幅画里，他仿佛看到了自己生命的图景，那图景是那样的光明。

19岁那年，通过不懈的努力，他如愿以偿地考上了中央美术学院，他的艺术生命从此开始风生水起。然而，他的事业之树刚刚萌芽，就被一场严霜摧毁了。在一场劫难当中，他受尽了非人的待遇，他的脚骨、右手都受了重伤。后来，他还被关进了监狱，一关就是五年！

在这五年当中，他没有抱怨命运待他不公，而是把监狱当成了自己人生的又一座“高等学府”。为此，他没有一刻停止过自己的艺术创作。没有毛笔，他就用筷子练习作画。由于他的手受了重伤，一开始，他连筷子也抓不住。但是，他并没有就此向命运屈服，每天坚持练习。他付出了比常人多出百倍的努力，才渐渐恢复了自己的绘画能力。

回忆起这段岁月，他眉飞色舞地说，那里是地狱，但是，也是锻炼汉子的最高学府，我就是从那里来的！

是的，正是这位从地狱中走出来的汉子，成了中国非常出色的知名画家！没错，他就是多才多艺的艺术大师韩美林先生！

成名之后的韩美林，又开始了另外一场战争，那就是与病魔的周旋。他曾患有糖尿病，还因劳累型心肌梗死做了一次心脏搭桥手术……但是，每一次，他都是胜者。

提及他的艰难处境，许多人都对他竖起大拇指，说换作其他人，早就被拖垮了，甚至会因精神崩溃而轻生了。对于这些，韩美林这样说：“世界有美好也有丑陋。艰难折磨你，你再想不开，这不是自己折磨自己吗？我看不如奋发向前的好。前面有鲜花，不全是荆棘。”

是啊，前面有鲜花，不全是荆棘。这鲜花，并不是开在普通的土壤上，而是开在韩美林的心灵深处。这鲜花所散发出的倔强芬芳，足以让他忽略一切泥泞和荆棘，始终站在坚强人生的领奖台上！

一片树叶的坚持

◎庞启帆

这段时间，我的朋友比尔陷入了绝望之中。今天一大早，他打电话跟我说他的人生正悬在一根线上。

其时已是初冬。许多树木的叶子已经落了大部分。曾经色彩斑斓的大地现在几乎已变成清一色的灰色。我感觉比尔那时的生命色彩也是如此。

像许多公司一样，比尔的公司也在这次经济危机中受到了重创。产品大量积压，员工被迫裁掉了一大半，剩下的员工也准备随时离开。他告诉我他此刻就像勉强挂在树枝上的枯叶，正等待着飘落。

他跟我说这句话时，屋外正好刮起一阵骤风。我看见树上的树叶顿时像雪花一样飘落。这真的是一个美好的景象。但就像它迅速飘来一样，风突然就停止了。这时挂在树枝上的那片孤零零的叶子映入了我的眼帘。不，它竟然是悬挂在半空中！

我瞪大了眼睛，边倾听比尔对事业的哀叹，边迅速走到楼下。

但走出屋外，站在那片树叶之下，我完全迷惑了。它似乎没有附在任何东西上，它就悬在空中。很显然，它是被一个蜘蛛网勾住了。但从我正站着的地方的角度看，我没有发现蜘蛛网。它似乎被施了魔法而停在了半空，从而停止了它的旅程。

这片树叶在一个正确的时间落在了一个正确的地点。

“比尔，有一片树叶挂在半空中。”我说。

“什么？”

“一片本来要落到地面的树叶突然悬在了半空中！”

“啊？”

“这正是你要的答案。想想这片树叶。在一根高高的树枝上面，这片树叶走完了它的生命历程。你知道，自从它诞生的那一刻起，它就一直在那根树枝上，在家人和朋友包围中成长。它拥有漂亮的色彩、阳光、雨露，以及一切美好的东西。它也经历了暴风雨的吹打，虫子的噬咬，但它存活了下来。

然后有一天，它开始感觉到自己在慢慢老去，美丽的色彩开始转变，并且一点点地失去活力。然后有一天，它开始往地面掉落。它已经放弃了那根给它营养、给它希望的生命线。

但在它落下来的途中，一根无形的线抓住了它。这根线似乎在对它说：‘还没结束，我的朋友，还没结束。’

现在它就停留在半空中。我相信，这片树叶正在等待第二次生命。尽管事实上它的外表已经枯萎，尽管这没有预约的幸福没办法解释，但的确，一根无形的希望之线在它落下的过程中托住了它。

也许这片树叶心中充满了感激，也许这片树叶相信生命的第二次机会，也许它看着躺在地面上的其他树叶，心中在想：它们放弃了，但我还没结束。我虽然不是在我最初诞生的地方，但是在这里的生活也一点不差。”

电话里沉默了。好一会儿比尔都没有说一个字。最后我问："你明白这片树叶告诉我们什么吗？"

"是的，我想我明白。"

"比尔，这片树叶现在正挂在一根线上。今天因为一些原因它没有落在地上。但在某一天它会。它没有选择。但你有。你可以选择让你的事业在你的消极中倒下，也可以选择让你的事业在你的坚持中再次获得新生。"停顿片刻，我问他："你能不能来这里一趟？"

大约 15 分钟后，比尔开着车出现在我家门前。我拿着两把草耙站在车道上等候他。我们花了一个小时把所有的树叶搜集进了袋子。在打扫的过程中，我们几乎没有说话。

"瞧，我的朋友。这就是你需要做的。把悲观的想法彻底清扫干净。"我说。

比尔若有所思地点点头。

"看，那片树叶还挂在那里。"我指给他看。

比尔兴致勃勃地看着那片树叶，然后他走进屋内，拿了一根线和一架小折梯出来。站在梯子的顶端，他伸手抓住了那片悬挂在空中的树叶，然后用那根线的一端系住了那片树叶，另一端系在了树枝上。

"你瞧！它现在更安全了，因为朋友的小小的帮助。"他说。

"所以比尔，坚强些。与那些还没有离开的员工拧成一股劲。你们对彼此的信任与支持，就是一根无形的线，能紧紧地维系住你的公司。等到经济回暖时，你会再次重振雄风。"

比尔从梯子上下来，向我伸出一只手，微笑着说："谢谢你，我的朋友。为这片树叶，这根线。"

不必为逆境落泪

◎绘　丹

周末，我去公园散步，忽然发现一片青翠的竹林。郁郁葱葱、亭亭玉立的青竹招引着我放慢了脚步，站在竹林边怡然品竹。

旁边一位老园丁问道："你也喜欢竹子吗？"我连忙答道："是呀，这片竹林真美！"老园丁说："这些竹子有福气呀，长在公园里，温度、土质都适宜，再加上我这个园丁对它们的呵护，自然能够良好地生长啦！"

听罢老园丁的这番趣谈，我真有些羡慕这片生长在顺境中的青竹了。

老园丁又说："我虽然也很羡慕这些青竹，但我并不佩服它们。"我好奇地问："那么您佩服什么呢？"老园丁从随身携带的挎包里拿出一册画集，里面有各色花卉、百草、树木的剪影。老园丁指着一张松树的画片说："我佩服这棵松树，这是黄山上的一棵奇松！"

坦白地说，画片上那样的松树我不止一次地见到过，很有些不以为然。

老园丁庄重地说："你看，公园里的竹子能够很轻松地破土而出；而那棵黄山上的松树长在坚硬的山石上，根本无土可破，只能破石而出。公园的这些竹子头无遮拦，直对蓝天，完全可以无拘无束地尽情向上生长；而那棵黄山上的松树就没有这么好的运气了，它的上面是横斜的岩石，它必须俯卧着拼命向前延伸，才能赢得生存的空间。这些竹子有我的精心照料，施肥、浇水、松土、治虫防害等；黄山的那棵松树是野生野长的，无人呵护，无人陪伴，无人管理，生长过程中遇到的所有问题都只能由它自己克服……"

阳光下，我仔细回味着老园丁的箴言。是的，公园里的青竹珍爱所处的优越顺境，以绰约的风姿站成了一道优雅的风景——都市俏竹。与之相比，黄山上的那棵松树可谓不顺。然而，虽身处逆境，那棵松树却没有丝毫哀怨，它顽强地生长着，最终以不屈的精神筑就了另一道绮丽的风景——黄山奇松！谁人能忘黄山奇松之奇？谁人能忘黄山奇松之美？

透过公园青竹，我知道顺境为成功者铺设轨道；眺望黄山奇松，我更真切地看出逆境为杰出者打造天梯。所以，不必为逆境落泪，因为逆境分明也是一道风景！

勇气之胜

◎一 哲

28 岁的吴伯超从部队转业后，有一份待遇不错的工作。然而他却不喜欢那份机械般的工作，一心想去社会上寻求更大的挑战和发展。他决定去香港开一家奶茶店。他的决定遭到了亲戚朋友们的一致反对：辞掉一份待遇不错的工作，去一个陌生的地方开店，实在有些冒险。然而，吴伯超下定了决心要去香港。他筹到 100 万台币，加上自己从部队转业时发的 80 万台币，他带着这 180 万台币到了香港。

吴伯超在香港找到了合伙人，在一条繁华的大街上开了一家名为“仙迹岩”的奶茶店，专门卖奶茶。第一个月过去了，盘点之后，吴伯超傻眼了：营业额仅仅8万港币，而店铺的租金就8万5千港币。也许是新开张，以后慢慢会好一些，吴伯超这样安慰自己。第二个月的营业额依然是8万港币。合伙人泄气了，劝吴伯超关门大吉。吴伯超并没有泄气，他在寻找失败的原因。经过与香港当地人多次交流，他明白了，香港人喜欢喝浓的奶茶，而自己卖的奶茶却是淡的，只注重了味道的清香。弄明白了这一点，吴伯超决定在电视上做广告，让香港人了解自己卖的奶茶与香港奶茶的不同之处。广告播出后，店里的生意开始红火了，营业额直线上升。

三年时间里，“仙迹岩”奶茶店在香港就有了二十多家连锁店。在香港取得成功后，吴伯超并没有停止自己前进的脚步，他把目光投向了内地，认为内地才是最大的市场。然而，合伙人却不同意进军内地，觉得卖奶茶能取得目前的成绩已经非常了不起了，不必再去冒险。

道不同不相与谋。吴伯超退出“仙迹岩”，独自来到了上海，先在一条不太繁华的街上开了一家奶茶店，取名为“仙踪林”。两个月后，“仙踪林”开始盈利了，又接连开了几家连锁店，成立了公司。这时，各种各样的奶茶店开始进军上海。吴伯超意识到，必须尽快占领上海这个具有潜力的市场，否则会被别人抢先。于是，他决定到上海最繁华的淮海路上开一家店。他的这个决定遭到了公司员工们的一致反对。因为在淮海路租一个店铺每年要交纳租金两百多万元，卖多少杯奶茶才能挣回这些钱呢？然而吴伯超不这么看，他认为淮海路是上海最繁华的路段，在这里开店本身就能提高“仙踪林”的知名度，比在电视上做200万元的广告效果还要好。在吴伯超的坚持下，很快，在上海最繁华的淮海路有了第一家“仙踪林”奶茶店。为了同其他的奶茶店有所区别，吴伯超决定在店里的座位上大胆创新，把座位设计成“秋千”式。很快，许多上海市民都知道了淮海路有一家能荡着秋千喝奶茶的奶茶店。现在，不仅仅在上海，在内地的许多城市都有了能荡着秋千喝奶茶的奶茶店——“仙踪林”。

说起自己的成功，吴伯超深有感触：“我没有高学历，没有家族支持，家里祖祖辈辈连个做生意的都没有，也没遇到过什么贵人。我靠什么？靠的就是一直向前的勇气。勇气才是最重要的。

把苦难夹在面包里

◎古保祥

1930 年 3 月，正是春寒料峭的季节，美国田纳西州的一条街道上，一个四十多岁的中年人，正挣扎在饥饿的边缘。

在此之前，他是一位出色的售货员，曾经为田纳西的无数个商店经销过商品，他的营销策略为他们带来了巨大的商机和利润。但好景不长，一次不好的营销，葬送了他的营销之路。

正当他走投无路时，他发现一家小餐厅的外面挂着招聘广告。他们这里要招收厨师，但薪金却低得可怜，一年的工资还不如自己以前一个月的多。在饥寒交迫面前，他放弃了理想和自大的念头，他推开那扇原本虚掩的门，开始了一种新的生活。

他的任务是烹制鸡块，这是他以前从未做过的事，但做起来其实也很简单，他只需要按照人家的配料把鸡块扔进锅里煮，然后再把它捞出来，整个过程就这么简单。

几个流程下来，他掌握了煮鸡的整个过程，但也发现了问题。

他曾经品尝过用这种方法制作的鸡块，没有一点儿香味，这直接导致了餐厅生意的惨淡。

他给老板提建议，应该改善一下配方，多加一些香料或者其他调料。老板不但没听进去，还告诉他："你的职责是制作鸡块，这些不是你考虑的，不要多管闲事。我这里可是祖传秘方，不会有错的。"

他的好意换来了一顿谩骂，他气愤交加，本想扬长而去，但一种钻研的念头还是让他留了下来。灵光闪现的瞬间，他似乎找到了一条属于自己的奋斗之路。

在工作中，他利用别人休息的时间到厨房里钻研，并且在鸡块上试着加一些其他香料。

一天，他无意中将一块鸡腿掉进了正在加热的油里，感到万分紧张，因为老板说过油是不能够随便浪费的，一旦发现就要被罚款或者扣掉工资。幸亏没人发现，他赶紧取出了鸡块。但扔了可惜，他便将它放进嘴里。一个奇迹出现了，他感觉无意中炸出的鸡块香辣可口，他觉得成功在向自己招手。

经过无数次的研制，1932 年 6 月，在他的家乡，离田纳西州不远的肯塔基州，这位中年人推出了一种新型的快餐食品——炸鸡。很快，这种食品适应了人们快节奏高效率的生活方式，开张不到一年，它的声誉便传遍了整个肯塔基州。

为了扩大营业范围，这位中年人又增加了经营品种，他将人人喜欢吃的面包和炸鸡融合在一起，不仅满足了人们喜欢甜食的爱好，而且还可以调适人们的趣好，真可谓一箭双雕。

现在，肯德基已经遍布全球八十多个国家，目前拥有超过 9600 家连锁店。在地球上，几乎每天都有一家肯德基店开张。

这位中年人，就是肯德基的创始人桑德斯上校。说起自己晚来的成功，他只说了一句话：我相信苦难，因为苦难是一种人人敬而远之的味道，但我喜欢将它夹在面包里慢慢品尝。

决定命运的一瞬

◎矫友田

有一个女孩，从很小的时候起就开始练习游泳。因而，她的水性非常好，经常在一些全国性的少儿游泳大赛中有佳绩。后来，她被国家队的一位游泳教练发现，将她调入国家队进行培训。

但是，在高手云集的国家培训队里，她仍算不上出类拔萃。后来，她的教练注意到，身材娇小的她，入水的姿势总是那么轻盈而洒脱。她身体的柔韧性很强，应该是一块跳水的好料。于是，教练就把她推荐给了一位朋友，他的朋友是一位著名的跳水教练。

第一次见面，跳水教练便提出了一个要求，让小女孩到跳台上去做一个入水的动作。当教练把她带到一个跳台上时，她蓦然感觉到，因为距离的原因，那些原本让她感到兴奋的水池，竟像无底的深渊一样，令她恐惧不已。她胆怯地看着身旁的教练，不敢朝前迈步。

此时，教练在一旁鼓励她说：“这是一个很难得的机会，如果你勇敢地跳一次，也许以后就会有一个更加辉煌的未来。”

她犹豫了许久，最终还是鼓足了勇气，一个轻盈的弹跳，跃入了水中。就是这一跳，将她内心所有的恐惧都消除了。她发现了一种比游泳更具魅力的水上运动，并深深地迷恋上了这项运动。经过几年的训练，她成了一名异常优秀的跳水运动员，在世界级跳水比赛中屡屡获得金牌。

世界著名摄影大师卡希，尤其擅长拍摄人物肖像。在他众多的佳作中，以《英国首相丘吉尔》一帧影响最大。这帧杰作是怎么拍出来的呢?

1941 年冬天，英国首相丘吉尔前往加拿大访问，年轻的卡希很想为丘吉尔拍张照片。但由于自己不便邀请外国首相，他就央求加拿大总理麦肯齐·金帮助他。

第二天，丘吉尔被邀请到麦肯齐·金总理家。他一进门，卡希立即打开泛光灯。丘吉尔叼着一根雪茄，不快地问："你们这是干什么？"

卡希连忙鞠躬答道："阁下，我希望给您拍张照片，以纪念这次历史性的会见。"

丘吉尔满面怒容地说："你们要给我拍照，为什么事先不通知我？"卡希把原因一五一十地向丘吉尔说了，他才勉强同意了拍照留念的请求。

就在准备按动快门的时候，卡希灵机一动，走到丘吉尔面前，说："对不起，阁下。"他说着，顺手扯掉了丘吉尔叼在嘴里的雪茄。

丘吉尔对这突如其来的"袭击"忍无可忍，立刻勃然大怒。就在这时，卡希"咔嚓"一声按动了快门，一张传世杰作就这样诞生了。照片上的丘吉尔，一手拄着拐杖，一手叉在腰间，满脸怒容，气势逼人。

这帧照片，被作为战时英国的象征，并被七个国家选印在邮票上。人们称它为"自有摄影以来在世界上流传最广的佳作"，卡希也因为这帧照片而名扬四海。

成功的机遇，往往会带着一种严峻的考验降临到你的面前。此时，你应该有一种敢于伸手去争取的勇气。退却，不仅会使你与机遇擦肩而过，甚至还会使你断送一个辉煌的前程！

那些绚烂的花儿

◎周海亮

女孩受了伤，住进医院。她的眼睛上缠满了厚厚的纱布，世界在她面前，突然变得黑暗一片。医生告诉她，一个月后，这些纱布才能拆掉。她问，我的眼睛能好起来吗？医生说，当然能。不过，你必须忍受一个月的黑暗。一个月的黑暗，女孩有些害怕，不知道自己会不会疯掉。

女孩只有 12 岁。她的父母长年漂泊在国外。父亲打电话安排妥当她的一切，可是他们很忙，有许多非常重要的事情要做，不能过来陪她。父亲说，等你拆纱布那天，我一定回来，医生说过没事的。况且，还有无微不至的护士。

女孩每天躺在床上睡觉，听收音机。她所能做的，好像只有这些。那是两个人的病房，带一个很小的洗手间。每天会有人把饭菜送到她的床前，然后离开。那是父亲为她雇的钟点工，就像一个准确的钟表。她不必担心自己的生活问题，可是无边无际的黑暗还是让她心烦意乱。她知道自己对面的床上有一位阿姨，那阿姨常常轻哼着歌。她的声音很好听。女孩想，自己是那位阿姨多好。好像只要能够驱走黑暗，拿什么交换，她都愿意。

有一天，阿姨突然问她，你天天这么躺着，闷不闷？女孩说，当然闷，我快闷死了。阿姨说，我带你出去走走吧？女孩问，去哪里走走？阿姨说，就去后院吧。那里有一个花园。现在，正是各种花儿开放的时候呢。

于是女孩和阿姨走出病房。这是女孩住院后第一次走出病房。她紧紧握住阿姨的手，好像生怕自己走丢。阿姨好像猜中了她的心思，在前面走得很慢。终于，她们来到了后院。女孩感觉到温暖的阳光、清新的空气、香甜的鲜花气息在花间舞蹈的蜜蜂。阿姨牵着她的手，对她说，你知道吗？其实现在，花儿开得并不多……因为是春末……牡丹都开了……多是大红的花瓣……像簇拥在一起的大蝴蝶。还有蜜蜂……过几天，半个多月吧，花园里剩下的花苞应该全都开了吧？那时候，你正好可以看见它们啦。女孩轻轻地笑了。那天她很开心。她一直盼着拆掉纱布的那一天，她盼得心烦意乱。可是今天，突然，她发现，原来期盼也是一件很美好很快乐的事情。

每天，阿姨都要带女孩去医院的后院看花。她给女孩描述每一朵花苞，每一棵树，每一只蝴蝶和蜜蜂。有了她的描述，女孩记住了每一朵花的样子，每一棵树的样子，甚至每一只蝴蝶和蜜蜂的样子。现在，女孩没有时间烦恼了，因为她的心里有一个芳香的花园，有一片绚烂的花儿。她想，等拆掉纱布那天，一定要那位阿姨为她多拍几张照片。她会站在一簇一簇的鲜花中，阳光遍洒在身，她眯着眼，享受着阳光，笑着。那该是多美好多幸福的事啊！

拆掉纱布那天，父亲从国外赶回来，一直在旁边陪着她。的确，医生没有骗她，她真的在一个月之后，重新看到了久违的阳光。

她咯咯笑着，拉父亲跑向医院的后院。在清晨，那位阿姨离开了病房。她说，她会在花园等她。

阿姨也没有骗她。那儿果真有一个花园，有绿树红花，有成群的彩蝶和蜜蜂。阿姨正站在那里，对着她笑。可是那一刻，她却愣住了，她发现了阿姨无神的眼睛！

她竟然，是一位盲人！她竟然，看不见任何东西！

那天她们坐在长凳上，聊了很多。女孩问她的眼睛会不会好起来？她说，可能会，也可能不会。不过，只要心是明亮的，你就能看到世界上最绚烂的花儿。